Berlin und Umgebung

Inhalt

Berlin und Umgebung

Bekanntes und Unbekanntes
für Sie entdeckt

Westlich Berlins ist vor allem die brandenburgische Landeshauptstadt Potsdam bekannt, die Residenz von Kurfürsten, Königen und Kaisern. Die Schlossanlage von Sanssouci und die 'Potsdamer Weltkulturlandschaft' sind wieder zu neuem Glanz und Leben erwacht. Dahinter locken Werder mit seinen Obstkulturen und die Havel mit ihren Seen zu sommerlichen Badefreuden. Die Kommunen des Havelluchs liegen in halb

vergessenem Terrain, das viel Platz zum (Rad-)Wandern lässt. Im Norden markieren Oranienburg und das mittelalterliche Bernau die Endpunkte einer Eiszeitrinne. Sie wird jetzt vom Flüsschen Briese und einer Kette von Badeseen gefüllt, die sich zwischen Wäldern verstecken. Südöstlich Berlins, bei den Müggelbergen, setzt sich die Seenplatte weiter fort. Königs Wusterhausen ist Zwischenstation auf dem Weg in dieses Paradies für Paddler und Angler, das man auch mit dem Ausflugsdampfer erreichen kann.

Seit dem Fall der Mauer hat sich Berlin gewaltig verändert, und es wird sich weiter verändern. Ein Grund mehr, die neue und alte deutsche Hauptstadt öfter mal zu besuchen. Der Potsdamer Platz ist zwar vollendet, aber an anderen Stellen wird in rasantem Tempo weitergebaut. Dazwischen präsentiert sich eine breite Museumslandschaft, die großartige Schätze der Weltkultur bietet. Die Museumsinsel im Zentrum und die kleinen Museen in Dahlem führen die bemerkenswerte Liste an. Einen guten Überblick über das Häusermeer gewinnt der Besucher sowohl vom Funkturm im Westen als auch vom Fernsehturm im Osten der Stadt und – ganz eindrucksvoll – von der begehbaren Kuppel des Reichstagsgebäudes. Ganz andere Perspektiven bieten Schiffsfahrten auf Havel und Spree. Weiter draußen wird es dann ländlich und teilweise recht idyllisch. Beliebte Ausflugsziele sind neben Grunewald und Wannsee die romantische Pfaueninsel und am anderen Ende der Stadt der Britzer Park und das Badeparadies Müggelsee. Wohin Sie auch gehen – Berlin und seine Umgebung zu entdecken ist einfach "dufte".

Großderschau | Leben im Spiegel der Jahrhunderte

1 Nach seiner Vermählung mit Luise Henriette von Oranien holte Friedrich II. holländische Familien ins Land, um eine Milchwirtschaft nach holländischem Muster aufzubauen. Die ersten Kolonistenfamilien kamen Ende des 17. Jahrhunderts ins Havelluch. 70 Jahre später begann sein Enkel, König Friedrich Wilhelm I., das 'Havelländische Luch' zu bändigen und aus nutzlosem Moor und Sumpf fruchtbare Wiesen und Weiden zu schaffen.
Wie dies geschah und mit welchen Schwierigkeiten diese Urbarmachung verbunden war, erfahren Sie im Museum Kolonistenhof, das an die Kolonisierung vor 250 Jahren erinnert. Die 1785 erbaute sehenswerte Kolonistenkirche weist zwei Besonderheiten auf: Ihr Turm richtet sich nach Süden, und für den Grundriss stand die berühmte Garnisonskirche in Potsdam Pate.

Museum Kolonistenhof
Kleinderschauerstr. 1,
März-Nov.
Di.-Fr. 10-16 Uhr,
Sa. + So. 13-17 Uhr,
Dez.-Febr.
Di.-Fr. 10-16 Uhr

Stölln | Pioniertaten

2 Es war kein Geringerer als Otto Lilienthal, der den Gollenberg bei Stölln entdeckte und ab 1893 von dort mit seinem selbst entwickelten Flugapparat und unter großer Anteilnahme der Bevölkerung seine ersten Flugversuche unternahm. Bei einem dieser mehr oder weniger erfolgreichen Flüge stürzte er im August 1896 aus 15 Meter Höhe ab und starb wenig später an den Folgen des Sturzes. Zur Erinnerung an diesen großen Flugpionier steht heute an der Absturzstelle ein kleines Denkmal.

An eine ganz andere Pioniertat erinnert das ausgediente Passagierflugzeug vom sowjetischen Typ IL 62. Die 'Lady Agnes' landete kurz vor der Wende unter abenteuerlichen Umständen auf dem Gollenberg. Schauen Sie sich im Flugzeug das Video von der spektakulären Landung an, die sogar im Guinessbuch der Rekorde vermerkt ist.

Naturpark Westhavelland | Wasserreiche Region

3 Das dünn besiedelte Westhavelland erhält sein unverwechselbares Gesicht durch weite Niederungen, waldreiche Erhebungen, kleine märkische Ortschaften und – durch seinen Wasserreichtum. Es verwundert daher nicht, dass der im Juni 1998 eröffnete Naturpark Westhavelland sich besonders für einen umweltgerechten Wassertourismus eignet. Mittendrin liegen der Hohenauer-Ferchesarer See, 10 km lang und mit Verbindungen zur Havel und zum Witzker See. Schöne Wanderwege führen rund um das Gewässer, das schon immer ein Dorado für Wasserwanderer und Wassersportler war. Bunte Ruder- und weiße Segelboote beleben den Doppelsee, der mit seinen idyllischen Buchten auch zum (Sonnen-)Baden einlädt.

Rathenow | Stadtwanderungen

4 Entdecken Sie Rathenow und seine Umgebung auf drei reizvollen Touren: Die Altstadt-Wanderung beginnt beim Kurfürstendenkmal am Schleusenplatz. Dieses barocke Sandsteindenkmal wurde 1738 zur Erinnerung an die Schlacht gegen die Schweden geschaffen. Der Schleusenplatz wird von barocken Bürgerhäusern sowie der Stadtschleuse und dem Schleusenwärterhäuschen begrenzt. Dort beginnt die Insel-Wanderung, die vorbei an Resten der alten Stadtmauer den Mühlendamm erreicht. Als Dritte im Bunde führt die Weinberg-Wanderung, die ebenfalls am Kurfürstendenkmal bzw. am Schleusenplatz beginnt, in die Höhe. Der Spaziergang verläuft durch ehemalige Weinberge und unter Schatten spendenden Bäumen – bis zum Bismarckturm in lichter Höhe.

Rathenow | Wiege der optischen Industrie

5 Zwischen 1801 und 1945 entwickelte sich Rathenow zu einem weltweit bekannten Optik-Standort. Ausgangspunkt war die optische Anstalt von Pfarrer Duncker, der zu Beginn des 19. Jahrhunderts eine Vielschleifmaschine erfand. Mit dem Einsatz dieser Maschine war es erstmals möglich, Linsen und Brillengläser industriell zu fertigen. Auch nachfolgende Unternehmer trugen zum guten Ruf Rathenows als 'Stadt der Optik' bei. Von dieser eindrucksvollen Industriegeschichte berichtet u.a. das Brachymedialfernrohr von Edwin Rolf. Das weltweit größte seiner Art – es ist fast 21 Meter lang und hat einen Durchmesser von 70 cm – wurde 1996 rekonstruiert und auf dem Schulhof der Bruno-H.-Bürgel-Schule als funktionstüchtiges Symbol für die optische Tradition der Stadt wieder aufgebaut.

Brandenburg | Entlang der Havel

6 Den Brandenburger Ortsteil Plaue erreichen Sie am besten mit der Straßenbahn. Sie bimmelt am Plauer See entlang und überquert kurz vor dem Ort auf einer Jugendstilbrücke die Havel. Dicht dabei steht die alte Adlerapotheke, eines der ältesten Plauer Häuser aus dem 17. Jahrhundert. Am Fischerhafen liegen Boote vertäut und Netze und Reusen zum Flicken aus. Vom Plauer Hafen fahren Ausflugsschiffe direkt in die Stadt Brandenburg. Wasserwanderer können von Plaue aus sogar Berlin erreichen: Die Havel, der Plauer See und der Breitlingsee verbinden Brandenburg mit dem Rheinsberger und Mecklenburger Seengebiet. Über die Müritz geht es dann direkt ins Berliner Regierungsviertel. Auf dem Wasserwege, wohlgemerkt!

Brandenburg | Wassersport-Paradies

7 Kurz hinter Brandenburg weitet sich die Havel zu einem großen See, der in mehrere Wasserflächen zerfällt: Die Inseln Buhnenwerder und Kienwerder sowie die lang gestreckte Halbinsel Wusterau unterteilen das weite Gewässer in Plauer See, Breitlingsee und Möserscher See. Die gesamte Wasserfläche und die Uferzone stehen unter Landschaftsschutz und bieten genügend Platz für jede Art von Wassersport. Bei Kirchmöser finden Sie zwei weitere kleine Seen. Falls Sie paddeln oder rudern wollen – auf der Halbinsel Malge werden Boote verliehen. Die drei Seen sind außerdem mit Dampferlinien verbunden. So erreichen Sie von Kirchmöser bequem die Altstadt Brandenburgs und den gegenüberliegenden Ortsteil Plaue.

Brandenburg | Ideales Gewässer

8 Der Beetzsee erlangte Berühmtheit durch die schaurig-schöne, aber erdichtete Moritat von Fritze Bollmann – der Barbier aus der Altstadt soll dort ertrunken sein. Bekannt wurde dieses lang gestreckte Gewässer am Nordrand Brandenburgs als Austragungsort nationaler und internationaler Regatten. Diejenigen Wasserfahrer, die es gemütlicher angehen lassen wollen, genießen das unbeschreibliche Erlebnis, morgens mitten in der Stadt ins Boot zu steigen und der aufgehenden Sonne entgegen und den Beetzsee hinaufzufahren. Sportliche Wasserratten werfen sich in die Riemen und sind bis zum Mittag wieder zurück. Trotz aller interessanten Perspektiven, die sich vom Wasser aus bieten: Der Beetzsee und seine reizvolle Umgebung lassen sich auch von Land aus erkunden. Um das Gewässer führt ein rund 35 Kilometer langer Radwanderweg, der in 3,5 Stunden gut zu bewältigen ist.

Brandenburg | Die Stadt gab dem Land ihren Namen

9 Fest steht, dass die Stadt Brandenburg, die dem Land ihren Namen gab, der älteste Ort weit und breit ist. Gehen Sie im Domkitz sowie in der Alt- und Neustadt, die durch die Jahrtausendbrücke miteinander verbunden sind, auf Spurensuche. Ein sechs Kilometer langer, mit gelben Balken markierter Rundweg beginnt am Neustädtischen Markt. Er führt zu allen bedeutenden Sehenswürdigkeiten der Stadt. So auch zur Roland-Figur am Rathaus und zum Steintorturm, einem von vier noch erhaltenen Tortürmen. Das um 1430 erbaute fünfgeschossige, über 28 Meter hohe Gebäude, in dem wechselnde Ausstellungen gezeigt werden, bietet eindrucksvolle Backsteinarchitektur.
Steigen Sie die Treppen zum Wehrgang empor und genießen Sie den Rundblick auf das Stadtpanorama.

Lehnin | Sehenswerte Backsteingotik

10 Theodor Fontane bezeichnete Kloser Lehnin als "gotische Stadt im Kleinen". Obwohl er etwas übertrieben hat, ist Lehnin nicht nur das älteste Zisterzienserkloster Brandenburgs, vielmehr zählt es neben Chorin zu den bedeutendsten Bauten der Zisterzienser in der Mark. Im Jahre 1180 von Markgraf Otto I. von Brandenburg gegründet, führte eine wechselvolle Geschichte zeitweise zu Zerstörung und Verfall der Klosteranlagen. Mit Getreidehandel und Geldverleih kam das Kloster aber sehr bald zu Reichtum. Heute können die Kirche, Reste der Klausur, ein alter Kornspeicher sowie ein Wirtschaftsgebäude besichtigt werden. Außerdem präsentiert sich im Besucherempfang des Elisabethhauses eine Dauerausstellung zur Geschichte der Zisterzienser in der Mark Brandenburg. Die Kirche, die keinen Turm, sondern einen Dachreiter besitzt, zeugt immer noch sehr repräsentativ vom ehemaligen Reichtum.
Schauen Sie zwischen Mai und September vorbei, dann erklingen in der Klosterkirche die bekannten Lehniner Sommermusiken.

Brandenburger Museum am Steintorturm
Di.-Fr. 9-17 Uhr,
Sa. + So. 10-17 Uhr

Klosterkirche Lehnin
Mo.-Fr. 10-16 Uhr,
Sa. 11-16 Uhr,
So. 12-16 Uhr

Werder | Nostalgische Zweiradschau

11 Die Werderaner Obstbauern haben sich mit ihrem Obstbaumuseum auf der Halbinsel ein sehenswertes Denkmal gesetzt, präsentiert es doch den Wein- und Obstanbau in und um Werder – von den Anfängen bis in die Gegenwart.
Nicht minder reizvoll gestaltet sich ein Besuch im Zweirad- und Technikmuseum Werder. Diese Ausstellung zeigt die Entwicklung der Velos über 120 Jahre – von 1820 bis 1940. Daneben finden Motorradfreunde Oldies aus den Jahren 1918 bis 1968. Interessane Details bietet die Dauerausstellung 'Hanka Kupfernagel – eine Frau geht ihren Weg'. Wer es möchte, kann hier interessante Details über die erfolgreiche deutsche Radfahrerin Hanka Kupfernagel erfahren. Vergessen Sie dabei aber nicht, sich auch den "Star" der Ausstellung anzusehen: ein amerikanisches Hochrad gleichen Namens.

Zweirad- und Technikmuseum
Mielestr. 2,
April-Okt.
Mi., Do., Sa. + So. 10-17 Uhr,
Nov.-März
So. 10-16 Uhr
Obstbaumuseum
Kirchstr. 6/7,
April-Sept.
Mi. 11-16 Uhr,
Sa. + So. 13-17 Uhr

Werder | Inselstadt im Havelwasser

12 Generationen vor Ihnen schwärmten schon vom Blick über den Fluss, hinüber zur Altstadt. Auf welchem Wege Sie auch in die Obststadt kommen, Sie werden immer überrascht sein: Malerisch erheben sich der fünfspitzige Turm der Kirche 'Zum Heiligen Geist' und die roten Ziegeldächer aus dem Grün der Weiden am Havelwasser. Gehen Sie auf Entdeckungsreise: Die engen, alten Straßen auf der Insel weisen manche Idylle auf. So führt die Straße 'Unter den Linden' über eine Brücke, an der früher der Raddampfer 'Marie-Luise' festgemacht hat, der Berlin mit Werder-Obst belieferte. Am Markt ist das alte Rathaus mit dem ehemaligen Amtsgericht aus der ersten Hälfte des 18. Jahrhunderts zu bewundern. Über Kopfsteinpflaster gelangen Sie auf der einen Seite zur Uferstraße und auf der Havel zugewandten Seite zur Anlegestelle – falls Sie an einer kleinen Schiffstour Gefallen finden sollten.

Bockwindmühle
Inselstadt
April-Sept.
Mi. 11-16 Uhr,
Sa. + So. 13-17 Uhr

Werder | Die Flügel drehen sich im Wind

13 Einst befanden sich auf dem Mühlenberg, der höchsten Erhebung der Halbinsel, drei Mühlen – die Letzte brannte im Dezember 1973 ab. Das heutige Wahrzeichen der Stadt Werder, eine Bockwindmühle, ist als Mühlentyp in Mittel- und Norddeutschland stark verbreitet, ebenso in Osteuropa und in Skandinavien. Man geht davon aus, dass vor Nutzung der Motor- und Elektroenergie auf allen Hügeln der Umgebung Mühlen gestanden haben. Untermauert wird diese Vermutung durch die erste Erwähnung der Mahlrechte in Werder um 1500. Die heutige Mühle stammt aus Klossa, einem Ort rund 100 Kilometer von Werder entfernt. 1985 wurde sie dort abgebaut, das technische Instrumentarium rekonstruiert und in Werder wieder aufgebaut. Im August 1993 drehten sich zum ersten Mal die Mühlenflügel, und seitdem feiern die Werderaner und ihre Gäste jeweils im August das Mühlenfest.

Werder | Historische Ziegel

Märkisches
Ziegeleimuseum
Glindow
Alpenstr. 47
Mi.-So. 10-16 Uhr

14 Kommen Sie mit dem Ausflugsdampfer, sehen Sie bereits bei der Einfahrt in den Glindower See die schlanken Schornsteine der Ziegelwerke. Die beiden denkmalgeschützten Ringöfen stammen aus dem Jahre 1868. Die heutige Produktion von historischen Baumaterialien kann im Rahmen einer Führung besichtigt werden. Der Ziegeleiturm, von dem aus der Besitzer einst seine Arbeiter beobachten ließ, gehört heute zum Märkischen Ziegeleimuseum, in dem u.a. der Tonabbau und seine Verarbeitung seit 1462 dargestellt wird. Vom Turm aus reicht Ihr Blick weit in das Märkische Land über den Glindower See und in das Naturschutzgebiet `Glindower Alpen' mit seinem interessanten Naturlehrpfad. Gehen Sie auch dort auf eine kleine Entdeckungsreise.

Werder | Am Ufer des Schwielowsees

15 "Der Schwielowsee ist breit, behaglich, sonnig und hat die Gutmütigkeit aller breit angelegten Naturen", so beschrieb Theodor Fontane den gleichnamigen See in seinen berühmten 'Wanderungen durch die Mark Brandenburg'. Um seine Ufer gruppieren sich die Ortschaften Caputh, Ferch, Geltow und Petzow. Im kleinsten dieser Orte, in Petzow, einem Stadtteil von Werder, befindet sich ein architektonisches Kleinod, das heute zur Einkehr lädt: Schloss Petzow, im 19. Jahrhundert nach den Plänen des berühmten Baumeisters Schinkel erbaut, wird von einem herrlichen Landschaftspark umgeben – angelegt von dem ebenso bekannten Peter Josef Lenné. Sehenswert ist auch die Kirche, die ebenfalls von Schinkel entworfen und 1842 eingeweiht wurde. Sie dient heute als Aussichtsturm und Ausstellungszentrum.

Aussichtsturm Petzow
März-Okt.
Sa. + So. 11-18 Uhr,
Nov.-Febr.
Sa. + So. 13-17 Uhr

Caputh | Traditionsreiche Fähre

16 Charlie Chaplin spazierte bereits vor Ihnen durch die Ferienidylle Caputh – als er dort Albert Einstein besuchte. Der Begründer der Relativitätstheorie und Nobelpreisträger für Physik wohnte bis 1932 in seinem Sommerhaus in Caputh. Lernen auch Sie die Schönheit der Havellandschaft kennen, die zu allen Jahreszeiten zum Wandern und Verweilen einlädt. Im Winter, wenn die Havel, versteckt unter einer Eisdecke, ihren Lauf nimmt, treffen sich oft Tausende Wasservögel am Caputher Gemünde, dem einzigen eisfreien Fleckchen. Hier, an der schmalsten Stelle zwischen Templiner See und Schwielowsee, pendelt seit 1853 eine Fähre – unermüdlich an zwei dicken Stahlseilen – zwischen Caputh und Geltow hin und her.

Caputher Fähre
April-Nov. Mo.-So.
6-22 Uhr, Dez.-März
Mo.-Fr. 6-20 Uhr,
Sa. + So. 7-20 Uhr

Caputh | Caputher Musiken

Schloss Caputh
Straße der Einheit 2,
Mai-Okt.
Di.-So. 10-18 Uhr,
Nov.-April
Sa. + So. 10-17 Uhr
Einsteinhaus
Am Waldrand 15-17,
April-Okt.
Sa. + So. 10-18 Uhr

17 Kunstliebhaber werden in Caputh verwöhnt, denn erstmals in seiner über 300-jährigen Geschichte steht Schloss Caputh für die Allgemeinheit offen. Einst Hochzeitsgeschenk des Großen Kurfürsten für Dorothea von Holstein-Glücksburg, galt dieses Schloss lange als Juwel der Mark. Als die Königinnen Charlottenburg als Sommerresidenz bevorzugten, begann der Verfall des Caputher Barockbaus. Erst zum 375. Geburtstag des Großen Kurfürsten im Jahre 1995 begann die Renovierung des Schlosses, seit 1999 kann es wieder vollständig besichtigt werden. Und seit dieser Zeit erklingen im Rahmen der Caputher Musiken im Schloss und im Schlosshof stimmungsvolle Konzerte. Zum Schloss gehört ein kleiner in Anlehnung an einen Plan von P. J. Lenné geschaffener Landschaftsgarten, in dem noch Spuren des ehemaligen barocken Gartens zu finden sind.

"Komm nach Caputh, pfeif auf die Welt." Mit diesem Satz versuchte Albert Einstein seinen Sohn Eduard zu einem Besuch nach Caputh – in seine geliebte Sommerfrische – zu überreden. Der große Physiker hatte sich 1929 am Waldrand ein Holzhaus bauen lassen, mit einem herrlichen Blick auf den Templiner See. Hier besuchten ihn bedeutende Zeitgenossen, denn hier verbrachte er – bis zu seiner Emigration – drei lange glückliche Sommer.

Potsdam | "Sorgenfreier" Schlossspaziergang

Schloss Sanssouci
April-Okt.
Di.-So. 9-17 Uhr,
Nov.-März
Di.-So. 9-16 Uhr

18 Mit der Grundsteinlegung auf dem Wüsten Berg in Postdam fing im Jahre 1745 alles an. Heute gehört das Sommerschloss Friedrichs des Großen (1712-1786), oberhalb dekorativer Weinterrassen gelegen, zu den ungewöhnlichsten Anlagen Europas. Dabei dachte der 'Alte Fritz' nicht daran, sein Schloss 'Sanssouci' der Nachwelt zu erhalten, es sollte "nur mein Leben dauern". Ein Glück für uns, dass dieses architektonische Kleinod bis heute alle Wechsel der Geschichte überstanden hat und nun im Rahmen von Führungen zugänglich ist. Zu sehen sind u. a. die runde Bibliothek und das Konzertzimmer, in dem der König Flöte spielte, oder der Marmorsaal, in dem er mit Philosophen, Wissenschaftlern und Literaten zu Tische saß.

Die Schauseite des Schlosses blickt in den Park, in den eine Freitreppe über sechs geschwungene Weinbergterrassen hinabführt. Auf der Ostseite der Terrasse befindet sich das Grab Friedrichs des Großen. Bereits 1744 hatte er bestimmt, dass er in Sanssouci neben seinen Windspielen begraben werden wolle. Viele Besucher legen auf der Grabplatte Blumen nieder – und Kartoffeln, denn Friedrich hatte die nahrhafte Knolle in Preußen eingeführt.

Potsdam | Die Winkel im Park Sanssouci

19 Wenn Sie durch die Parklandschaft von Sanssouci streifen, gewinnen Sie ganz unterschiedliche Eindrücke. So spazieren auf der Hauptallee, die von der Großen Fontäne zum Neuen Palais führt, Gäste aus aller Welt. Doch gleich daneben finden Sie verschwiegene Winkel in labyrinthartigen Heckengängen. Englisch mutet der weite Rasen vor Schloss Charlottenhof an, italienisch wirkt der Innenhof der Römischen Bäder mit der schön bewachsenen Pergola. Auch die Neue Orangerie hat klassische italienische Vorbilder, die wie die Historische Windmühle wieder zu besichtigen ist. Im Gegensatz dazu offenbart das Chinesische Teehaus mit dem verzierten Dach die Verspieltheit des Rokoko. Allerdings hat Friedrich der Große hier nur selten Gäste bewirtet. Die mit Blattgold überzogenen Figuren am Teehaus – witzigerweise haben sie alle europäische Nasen – sollen die chinesische Lebensart verkörpern.

Chinesisches Teehaus
Mai-Okt.
Di.-So. 10-17 Uhr
Neues Palais
April-Okt.
Sa.-Do. 9-17 Uhr,
Nov.-März
Sa.-Do. 9-16 Uhr
Neue Orangerie
Mai-Okt.
Di.-So. 10-17 Uhr
Schloss Charlottenhof
Mai-Okt.
Di.-So. 10-17 Uhr

Moschee (Dampfmaschinenhaus)
Breite Str. 28,
Mai-Okt.
Sa. + So. 10-17 Uhr

Potsdam | Besuch in der "Dampfmoschee"

20 Am Ufer der Neustädter Havelbucht steht eingekeilt zwischen modernen Wohnblocks eine an den Orient erinnernde Moschee. Ein Minarett ragt in die Höhe, eine Kuppel glänzt in der Sonne. Die Mauern sind in Grün und Blau gehalten, in den heiligen Farben des Islam. Wenn Sie diese 'Moschee', die aber keine ist, betreten, werden Sie schnell erkennen, dass Sie sich in einem Wasserpumpwerk befinden. Der profane Zweck dieser Anlage wurde geschickt kaschiert. Beobachten Sie bei der Führung durch das technische Denkmal, wie raffiniert die Dampfmaschine unter der Kuppel arbeitet. Sie werden dabei erstaunt feststellen, dass das Minarett als Schornstein diente. Und Sie erfahren auch, das dieses Werk früher einmal Wasser aus der Havel pumpte – für die Fontänen im Park Sanssouci.

Potsdam | Filmreifer Stadtteil

Filmmuseum Potsdam
Marstall
am Lustgarten,
Museum:
tgl. 10-18 Uhr,
Kino:
tgl. 18, 20 + 22 Uhr
Filmpark Babelsberg
August-Bebel-Str. 26,
April-Okt.
tgl. 10-18 Uhr

21 Seit 1912 werden in Babelsberg Filme produziert. Die UFA drehte hier so bekannte Streifen wie 'Der blaue Engel' oder 'Die Feuerzangenbowle'. Wenn Sie mehr erfahren wollen, sollten Sie im Filmmuseum im Zentrum Potsdams vorbeischauen. Der Filmpark Babelsberg hat sich zu einem Besuchermagneten entwickelt, Führungen gestatten einen Blick hinter die Kulissen: Sie können in Studios schauen und sich von Masken- und Kostümbildnern verwandeln lassen. Daneben lüftet die Ausstellung 'Cinefantastic' einige Geheimnisse des Filmtricks, und eine Stuntshow zeigt waghalsige Szenen. Oder Sie rasen im Showscan-Actionkino auf hydraulisch und bildsynchron gesteuerten Sitzen durch Raum und Zeit.

Potsdam | Einzigartige Kulturlandschaft

22 Die Vorstellung vom 'paradiesischen Eiland Potsdam' wurde von bedeutenden Landschaftsgestaltern und Architekten wie Lenné und Fürst von Pückler-Muskau, Schinkel und Persius geschaffen. Es entstand die Potsdamer Kulturlandschaft, ein gewachsenes Gesamtkunstwerk von außergewöhnlicher Schönheit, die 1991 von der UNESCO zum Weltkulturerbe erklärt wurde. Darunter befindet sich auch der romantische und landschaftlich abwechslungsreiche Park Babelsberg. Neben dem neogotischen Schloss, das über 50 Jahre als Sommersitz Wilhelms I. diente, birgt der zweitgrößte Park der Potsdamer Kulturlandschaft Bauwerke, die aus einem Märchenbuch stammen könnten. Nehmen Sie sich deshalb genügend Zeit, um dieses 'märkische Arkadien' zu entdecken.

Potsdam | Palais am Heiligen See

23 Im Neuen Garten, der zweiten großen Potsdamer Gartenanlage, liegt das 1791 errichtete frühklassizistische Marmorpalais. Das zweigeschossige Schloss, das von einem pavillonartigen Belvedere gekrönt wird, war ursprünglich als Sommersitz für Friedrich Wilhelm II. gedacht. Das Palais am Heiligen See zählt mit seiner Innenausstattung zu den gelungenen Beispielen des Frühklassizismus der Berliner Bauschule Ende des 18. Jahrhunderts. Die Fassade wurde durch Elemente aus grauem schlesischen Marmor gegliedert, für den Säulenvorbau am Seeufer verwendete man die Säulen der Knobelsdorffschen Kolonnaden in Sanssouci. Nach dem Konzertsaal und dem türkischen Zeltzimmer sind im Obergeschoss die drei Gesellschaftszimmer mit ihrer wieder hergestellten frühklassizistischen Ausstattung zu bewundern.

Marmorpalais
Neuer Garten,
April-Okt.
Di.-So. 10-17 Uhr,
Nov.-März
Sa. + So. 10-16 Uhr

Potsdam | Geschichtsträchtiges Gebäude

Schloss Cecilienhof
Neuer Garten, April-Okt. Di.-So. 9-17 Uhr, Nov.-März Di.-So. 9-16 Uhr

24 Vom Marmorpalais flanieren Sie parallel zum Ufer des Heiligen Sees auf gewundenen Pfaden durch den Landschaftspark und passieren eine Pyramide, die früher im Winter als Eiskeller diente. Direkt am Ufer finden Sie dann das Rote und Grüne Haus, am nördlichen Gartenrand sind Reste einer Einsiedelei zu entdecken. In unmittelbarer Nähe befindet sich Schloss Cecilienhof, der letzte Schlossbau der Hohenzollern in Preußen, von 1913 bis 1917 im englischen Landhausstil errichtet. Malerische Fachwerkbauten gruppieren sich um fünf Innenhöfe. Weltbekannt wurde das Schloss erst 1945, als hier die Staatschefs der USA, der UdSSR und Großbritanniens als Siegermächte zur so genannten Potsdamer Konferenz zusammentrafen, um über die Zukunft des besetzten Deutschland zu diskutieren. Man kann es sich kaum vorstellen, aber damals wurden im holzgetäfelten Konferenzsaal mit abgebrochenen Streichhölzern die Ländergrenzen markiert.

Potsdam | Campanile am Fluss

Heilandskirche Sacrow
März + April Di.-So. 11-17 Uhr, Mai-Aug. Di.-So. 11-18.30 Uhr, Sept. + Okt. Di.-So. 11-18 Uhr, Nov.-Febr. Sa. + So. 11-16.30 Uhr

25 Von der Glienicker Brücke, die jahrelang nur dem sporadischen Austausch von Spionen diente, verkehrt eine Fähre havelaufwärts nach Sacrow. Kurz vor der Anlegestelle leuchtet der Turm der Sacrower Heilandskirche über das Wasser. Blaue Kacheln und gelber Backstein teilen die Fassaden des Gotteshauses in horizontale Streifen. Ganz nach dem Geschmack von König Friedrich Wilhelm IV. wurde diese Kirche 1844 angelegt. Sie erhielt die Form einer altrömischen Basilika mit freistehendem Campanile, da der Monarch ein Faible für Italien hatte. Romantisch ist das Kirchenschiff zu Wasser gelassen: Der Säulengang ragt auf einem halbrunden Fundament in die Havel und der Fähre entgegen.

Berlin | Italienischer Landhausstil

26 Obwohl Schloss und Park Glienicke auf Berliner Stadtgebiet liegen, gehören sie zur Potsdamer Residenzlandschaft: Es ergeben sich immer wieder Sichtachsen zum benachbarten Schloss Babelsberg oder zur Heilandskirche in Sacrow. Das Schloss wurde 1826 von Hofbaumeister Schinkel für Prinz Carl von Preußen zur Sommerresidenz in spätklassizistisch-italienischem Stil ausgebaut; der Gartenhof erinnert an römische Villengärten. Vor dem Eingangsportal plätschert eine vergoldete Löwenfontäne. Als Schinkel sie entwarf, orientierte er sich an der Brunnenanlage der römischen Villa Medici. Besuchen Sie auch die von dem bekannten Gartenbauarchitekten Lenné geschaffene Gartenlandschaft rund um den italienisch anmutenden Landsitz, an den sich nördlich ein englischer Garten anschließt.

Schloss Glienicke
Königsallee,
Mai-Okt.
Sa. + So. 10-17 Uhr
Park Glienicke
tgl. 7-20 Uhr

Potsdam | Reif für die Insel

27 Die berühmteste Havelinsel liegt auf Berliner Gebiet. Sie wurde unter Naturschutz gestellt und zum Weltkulturerbe erklärt: Die romantische Pfaueninsel besitzt jahrhundertealte Bäume und einen artenreichen Vogelbestand. Ehe die rund 1,5 Kilometer lange und 500 Meter breite Insel im 17. Jahrhundert zum 'Pfauenwerder' wurde, bevölkerten sie zahlreiche Kaninchen, deshalb hieß die Insel vor ihrer Umbenennung auch 'Kaninchenwerder'. Von Potsdam kommend legt die Weiße Flotte an der Haltestelle Pfaueninsel an. Wenn Sie das grüne Paradies vom Berliner Stadtzentrum aus erreichen wollen, benützen Sie die S-Bahnlinien S 1 und S 7 bis Bahnhof Wannsee. Von dort geht es dann mit dem Bus 218 weiter. Bevor Sie mit der Fähre zur Insel übersetzen, lädt ein reizvoll gelegenes Ausflugslokal unter schattigen Bäumen zur Rast ein.

Park Pfaueninsel
März + Okt.
9-17 Uhr,
April + Sept.
9-19 Uhr,
Mai-Aug. 8-21 Uhr,
Nov.-Febr. 9-16 Uhr
Fähre Pfaueninsel
April + Sept.
8-18 Uhr,
Mai-Aug. 8-20 Uhr,
März + Okt.
9-17 Uhr,
Nov.-Febr. 10-16 Uhr

Potsdam | Der Stadt entrückt

Schloss auf der Pfaueninsel
April-Okt.
Di.-So. 10-17 Uhr

28 Über die breite Wasserfläche der Havel nach Westen hin lockt die Pfaueninsel seit über 200 Jahren mit dem traumhaft-unwirklichen Bild ihres weißen, doppeltürmigen Schlösschens. Im Jahre 1793 entdeckte Friedrich Wilhelm II. die Insel und ließ für sich und die spätere Gräfin Lichtenau ein Lustschloss errichten. Auch Friedrich Wilhelm III. und seine Gemahlin Königin Luise benutzten das Gebäude gerne als Sommerresidenz. Die beiden Schlosstürme sind durch eine gusseiserne Wandelbrücke verbunden. Die kostbare Innenausstattung zeugt vom herrschaftlichen Geschmack und von der alten Berliner Handwerkskunst dieser Zeit. So wurde u.a. ein Turmzimmer als Bambushütte ausgemalt.
Der geniale Gartenkünstler Lenné gestaltete den Park durch raffinierte Sichtachsen und Wegführungen. Achten Sie bei Ihrem Rundgang auch auf die Pfauen und auf deren unmelodisch-exotischen Schrei.

Berlin | Meilensteine der Luftfahrt

Luftwaffenmuseum der Bundeswehr
Groß-Glienicker Weg,
Di.-So. 9-17 Uhr

29 Auf dem ehemaligen Flugplatz Berlin-Gatow befindet sich seit 1996 das Luftwaffenmuseum der Bundeswehr. Das Gelände ist über den Groß-Glienicker Weg und die Siedlung Habichtswald zu erreichen, die Zufahrt über den Ritterfelddamm ist nicht mehr möglich. Das Museum stellt die Geschichte der militärischen Luftfahrt und Luftkriegsführung in Deutschland von ihren Anfängen bis zur Gegenwart dar. Der Bestand des Museums umfasst rund 155 Fluggeräte – vom Fluggleiter des Otto Lilienthal bis zum Überschalljet, vom Fieseler Storch über Spezialflugzeuge bis hin zu diversen Raketensystemen wie die V2 und viele interessante Exponate mehr. Schauen Sie einfach mal vorbei.

Berlin | "Nischt wie raus nach Wannsee ..."

30 ... sang Conny Froboess und traf damit punktgenau die Einstellung der Westberliner Bevölkerung zu ihrem See. Unter dem Begriff 'Wannsee' versteht man neben dem Zehlendorfer Ortsteil Wannsee vor allem das Seengebiet mit Großem und Kleinem Wannsee. Zu diesem von den Berlinern so beliebten Erholungsgebiet gehört das größte Freibad der Stadt – das 1907 eröffnete und 1930 erweiterte Strandbad Wannsee. Weitere Badestrände mit Segel-, Ruder- und anderen Wassersportclubs bieten genügend Abwechslung, weiße Ausflugsschiffe laden zu Rundfahrten ein. Daneben erwarten Sie am Ufer zahlreiche Gaststätten sowie schöne Flanier- und Spazierwege. Entdecken Sie die Wannseeterrassen als Ausflugslokal und genießen Sie den herrlichen Blick von der Terrasse auf die "Badewanne" Berlins. Wenn Sie so dem bunten Treiben zusehen, fällt Ihnen sicher wieder Connys "Ohrwurm" ein ...

Berlin | Mittelalterliche Handwerkstechniken

31 Direkt über dem originalen Ausgrabungsort am Machnower Fenn wurde eine mittelalterliche Siedlung, vom Beginn des 13. Jahrhunderts, rekonstruiert: mit Häusern, Vorratsschuppen und Werkstätten wie Schmiede, Schuhmacherei, Töpferei und Imkerei. Das Freilichtmuseum 'Museumsdorf Düppel' im Stadtteil Zehlendorf lädt die ganze Familie zu einem spannungsreichen Besuch ein. Mitglieder des 'Fördervereins Museumsdorf Düppel' organisieren Themenführungen oder zeigen die verschiedensten handwerklichen Fertigkeiten. Wer will, kann aber auch alleine über das Gelände schlendern und einen Blick in die einzelnen Häuser werfen und den Mitgliedern beim Töpfern, Schnitzen, Weben oder Brotbacken zusehen.

Museumsdorf Düppel
Clanertstr. 11, April-Okt. Do. 15-19 Uhr, So. 10-17 Uhr

Berlin | Jagdschloss 'Zum grünen Wald'

Jagdschloss Grunewald
Hüttenweg 100,
Mai-Okt.
Di.-So. 10-18 Uhr,
Nov.-April
Sa. + So. 10-17 Uhr

32 Der Name Grunewald geht auf das Jahr 1542 zurück, als sich Kurfürst Joachim II. das von ihm 'Zum grünen Wald' genannte Jagdschloss bauen ließ. Friedrich Wilhelm II. (1744 -1797) führte hier die 'Rote Jagd' am Hubertustag wieder ein, eine Tradition, die von den Berliner Reitvereinen mit der alljährlichen Hubertusjagd noch heute gepflegt wird. Das ganze Jahr über ist im Jagdschloss, das bis 1918 von der Königsfamilie genutzt wurde, eine Gemäldesammlung mit deutschen und niederländischen Meistern zu sehen. Im angrenzenden Jagdmagazin befindet sich ein kleines Museum, und in einem Nebengebäude kann eine interessante Waldlehrschau der Schutzgemeinschaft Deutscher Wald besichtigt werden. Anschließend lockt der Grunewald mit weiteren markanten Ausflugszielen. Schöne Spazierwege führen zum Grunewaldturm und zum 115 Meter hohen Teufelsberg.

Berlin | Ein wichtiger Abschnitt unserer Geschichte

Alliierten-Museum
Zehlendorf,
Clayallee 135,
Do.-Di. 10-18 Uhr

33 Der Checkpoint Charlie am Südende der Friedrichstraße war bis zur Wende alliierter Kontrollposten. Nach Öffnung der Sektorengrenze am 9. November 1989 wurde der Kontrollpunkt abgebaut, um 10 Jahre später im 'Alliierten-Museum' in Dahlem wieder präsent zu sein – als Erinnerung und Mahnung zugleich. Aus Anlass des 50. Jahrestages der Berliner Luftbrücke am 27. Juni 1998 eröffnet, würdigt das 'Alliierten-Museum' das Engagement der Westmächte für Berlin und Deutschland in der Zeit von 1945 bis 1994. Ferner thematisiert es (West-)Berlin als Frontstadt und Vorposten des freien Westens. In dem modernen Gebäude werden Kapitel der poiltischen und militärischen Geschichte aufgeschlagen, aber auch Alltagsgeschichten erzählt.

Die Sammlung umfasst zahlreiche Objekte, Dokumente, Fotos und Filme, u.a. ein britisches Transportflugzeug, das bei der Luftbrücke eingesetzt war oder ein amerikanischer Spionagetunnel. Lassen Sie die Zeit des Kalten Krieges nochmals Revue passieren, auch um daran zu denken, dass am Ende Freiheit und Demokratie siegten.

Berlin | Exponate aus aller Welt

34 Das Ethnologische Museum in Dahlem gehört zu den großartigsten seiner Art in Europa. Es besitzt fast 500000 Stücke und 60000 musikethnologische Tonaufnahmen aus allen Teilen der Welt und repräsentiert derzeit die Sammelgebiete Alt-Amerika, Südsee, Afrika und Ostasien. Neben einmaligen Reliefstelen aus Guatemala sind auch bemalte Tongefäße der Maya und aztekische Götterfiguren zu sehen. Besondere Beachtung verdienen in der Afrika-Abteilung die Terrakottaplastiken aus Ife (10.-13. Jh.) und ein Königsthron aus dem Kameruner Grasland sowie Initiationsmasken der Chokwe aus dem südwestlichen Kongo. In der Mittel- und Südamerikaabteilung zeigt die "Goldkammer" Objekte aus Kolumbien, Peru und Costa Rica. Die Dauerausstellung 'Südsee' präsentiert Kulturen aus Australien und Ozeanien. Und in der Bootshalle liegt ein begehbares Doppelrumpfboot der Insel Tonga.

Die kleinen Völkerkundler treffen sich im angeschlossenen Juniormuseum, um dort an einer spannenden Expedition teilzunehmen.

Ethnologisches Museum
Lansstr. 8,
Di.-Fr. 10-18 Uhr,
Sa. + So. 11-18 Uhr
Juniormuseum
Arnimallee 25,
Di.-Fr. 13-18 Uhr,
Sa. + So. 11-18 Uhr

Berlin | Grünes Juwel

Botanischer Garten und Botanisches Museum Dahlem
Königin-Luise-Str. 6, Botanischer Garten: tgl. 9-19 Uhr, Botanisches Museum: tgl. 10-18 Uhr

35 Im Trubel der Bundeshauptstadt Berlin gibt es immer wieder grüne Rückzugsmöglichkeiten. Als eine besonders reizvolle Oase empfiehlt sich der Botanische Garten in Dahlem. Er gehört zu den größten und bedeutendsten botanischen Gärten der Welt, kultiviert er doch – zu unser aller Freude – rund 20 000 verschiedene Pflanzenarten. Gehen Sie deshalb auf eine grüne Entdeckungsreise rund um die Welt. Neben dem Botanischen Museum locken vor allem die tropischen und subtropischen Pflanzen in den Gewächshäusern.

Besonders beeindruckt das 25 Meter hohe Tropenhaus mit seinem großen Teich. Er bildet den faszinierenden Mittelpunkt eines reichen Wasser- und Sumpfpflanzenbiotops.

Berlin | Abwechslungsreiche künstliche Natur

Britzer Garten
Sangerhauser Weg 1, tgl. 9-19 Uhr

36 Zwischen Buckower Damm und Mohriner Allee erstreckt sich der Britzer Garten. Die zur Bundesgartenschau 1985 angelegte weiträumige Parklandschaft ist heute ein beliebter Erholungspark. Im Zentrum liegt ein See mit Brücken, Buchten und schönen Liegewiesen. Ringsum gruppieren sich die verschiedensten Themengärten mit teilweise reizvollen Aussichtsplätzen. Die kleinen Besucher toben auf Schaukeln und Trampolinen oder tummeln sich am spritzigen Wasserspielplatz. Und an den Sommerwochenenden gibt es regelmäßig Kindertheater, in den Ferien findet das Spektakel sogar täglich statt. Den Höhepunkt im Festreigen bilden Walpurgisnacht, Drachenfest sowie eine Sommersonnwendfeier.

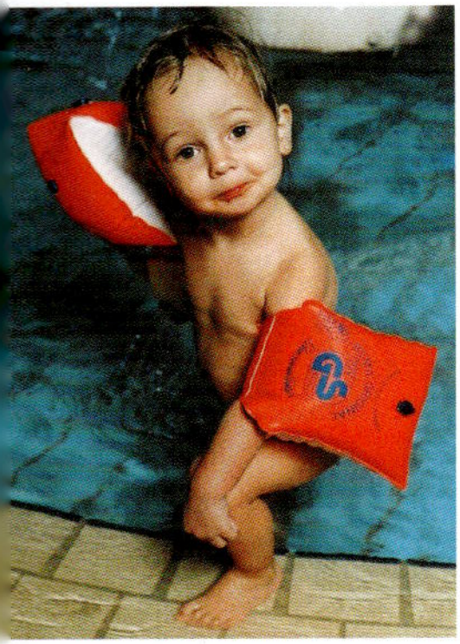

Berlin | Badespaß der Extraklasse

37 Suchen Sie Nervenkitzel und Spaß? Dann sind Sie im 'blub' Badeparadies genau richtig. Dort angekommen, heißt es nichts wie rein in den 'Crazy River'. Schnappen Sie sich einen der knallgelben Mega-Schwimmreifen und stürzen Sie sich in die Fluten. Aber halten Sie sich fest! Durch Stromschnellen, Wirbel und Sturzbäche, Steilkurven und Strudel geht es stromabwärts. Und mit einem Riesensplash landen Sie im Bassin. Froh, wieder festen Boden unter den Füßen zu haben, wenden Sie sich nun den anderen Attraktionen zu. Vielleicht dem spritzigen Wellenbad mit Lasershow oder dem exklusiven Saunagarten, der mit seinem Palmenhaus ebenfalls Maßstäbe gesetzt hat.

'blub' Badeparadies
Buschkrugallee 64,
tgl. 10-23 Uhr

Berlin | Bade- und Wanderparadies

38 Als reizvolles Gegenstück zum Wannsee präsentieren sich der Große und Kleine Müggelsee – ein Seengebiet zwischen Spree und Dahme, bequem mit der S-Bahn zu erreichen. Rund um diese große Badewanne verbringen die Berliner seit über hundert Jahren ihre Sommer. Wer will, kann den See von Friedrichshagen mit einem Schiff der Weißen Flotte überqueren und entweder an der Anlegestelle 'Rübezahl' oder an der 'Müggelseeperle' aussteigen. Von diesen Anlegestellen führen Wanderwege in die bis zu 115 Meter hohen Müggelberge. Man gelangt zum Teufelssee, von dem aus sich ein Lehrpfad durch ein Hochmoor windet. Endstation ist der Müggelturm, ein traditionsreiches Berliner Ausflugsziel.

Berlin | Tolles Freizeitangebot

'FEZ' Wuhlheide
An der Wuhlheide 197
Di.-Fr. 9-22 Uhr,
Sa. 13-18 Uhr,
So. 10-18 Uhr

39 Hinter dem Kürzel 'FEZ' verbirgt sich das Freizeit- und Erholungszentrum Wuhlheide, verkehrsgünstig im Bezirk Köpenick gelegen. Bereits am S-Bahnhof Wuhlheide wartet die erste große Attraktion: die Parkeisenbahn. Hier dürfen Kinder Schaffner, Bahnhofsvorsteher oder Schrankenwärter "spielen". Denn das 'FEZ' ist ein Kinderparadies für kreative Selbstbetätigung, von erfahrenen Pädagogen betreut. Wer will, kann hier Theater spielen, Musik machen, an einer Schreibwerkstatt teilnehmen oder der Märchentante lauschen, mit Textilien arbeiten und Stoffe bemalen, unter Anleitung das Fotografieren erlernen oder – ganz zukunftsorientiert – im Raumfahrtzentrum den Raketensimulator ausprobieren.

Berlin | Auslauf nicht nur für Tiere

Tierpark Friedrichsfelde
Am Tierpark 125,
April-Sept. 9-19 Uhr,
März + Okt. 9-18 Uhr,
Nov.-Febr. 9-16 Uhr

40 Beim Tierpark Friedrichsfelde – mit der U-Bahn leicht zu erreichen – liegt die Betonung auf 'Park'. Falls Sie die große Runde durch den Tierpark gehen wollen, müssen Sie gut zu Fuß sein: Sie kommen leicht auf 22 Kilometer. Eher beiläufig sind die großzügig bemessenen Gehege in den einst von Lenné angelegten Schlosspark eingestreut. Auf den weiten Freianlagen tummeln sich Kamele, Lamas und Antilopen. Im Dickhäuterhaus fühlen sich Elefantenfamilien neben Nashörnern und seltenen Seekühen – es sind drei Nagelmanatis aus der Karibik – wohl. Eine besondere Sehenswürdigkeit ist das im Südostteil des Parks gelegene Alfred-Brehm-Haus. Es besteht aus einer großen Flughalle, in der rund 100 Vogelarten um die Wette zwitschern, sowie einem großzügigen Raubtierhaus, das, neben anderen geschmeidigen Großkatzen, seine sibirischen Tiger und indischen Löwen präsentiert.

Berlin | Eine Tier-Welt für sich

41 Der Zoologische Garten Berlin ist der älteste Zoo Deutschlands und der artenreichste der Welt. Hier wird versucht, die Tiere nach den neuesten Erkenntnissen der Tierhaltung in ihrer natürlichen Umgebung zu zeigen. Zwei Eingänge führen in dieses Tierparadies: Sie gehen entweder durch das Löwentor am Hardenbergplatz oder durch das imposante Elefantentor an der Budapester Straße. Neben diesem Eingang liegt auch das berühmte und unabhängig vom Zoo geführte Aquarium.

In Europa ist es – was die Artenvielfalt von Reptilien, Amphibien, Fischen und Wirbellosen betrifft – führend. Schlendern Sie dort von Becken zu Becken, tauchen Sie ein in die Unterwassergebirge und verfolgen Sie die zeitlupenhaften Schwimmbewegungen riesiger Schildkröten. Beobachten Sie dann ein Stockwerk höher Riesenschlangen beim Schlingen und Baden und – in sicherem Abstand – gefräsige Krokodile.

Zoologischer Garten
Hardenbergplatz 8, Sommerhalbjahr tgl. 9-18.30 Uhr, Winterhalbjahr tgl. 9-17 Uhr

Berlin | Die neue Mitte

42 Kaum zu glauben, dass hier jahrzehntelang ödes Niemandsland war, eingefasst von Mauern und Todesstreifen. Der Potsdamer Platz ist wieder erstanden, und ob man die Architektur nun für gelungen hält oder nicht: Man muss ihn gesehen haben. Etwa von ganz oben vom Panoramapunkt im DaimlerChrysler-Hochhaus oder, für ganz Mutige, aus dem SAT-1-Fesselballon. Aber auch am Boden kommt man ins Staunen, wenn man im Sony Center unter dem riesigen Zeltdach steht – am besten nachts, wenn es ständig die Farbe wechselt. Eine einfallsreiche Gastronomie, Shopping satt, Kinos und das Filmmuseum, das die Geschichte des deutschen Films präsentiert, lassen auch sonst keine Langeweile aufkommen.

An den alten Potsdamer Platz, die rauschende Mitte des untergegangenen Berlin, erinnern nur noch das Weinhaus Huth, der verglaste Kaisersaal des Hotels Esplanade, in dem Kaiser Wilhelm II. seine Herrenrunde um sich sammelte, und der Nachbau einer Verkehrsampel – der ersten in Deutschland.

Filmmuseum Berlin
Sony Center, Di.-So. 10-18 Uhr, Do. bis 20 Uhr

Berlin | Technik zum Erleben und Begreifen

Deutsches Technikmuseum
Trebbiner Str. 9, Di.-Fr. 9-17.30 Uhr, Sa. + So. 10-18 Uhr

43 Das Deutsche Technikmuseum präsentiert eindrucksvoll die ganze Bandbreite der technischen Entwicklung. Gegenwärtig laden 14 Abteilungen zu Vorführungen und Aktivitäten ein. Zum einen werden zahlreiche historische Maschinen erklärt und in Funktion gezeigt, zum anderen werden Besucher eingeladen, sich aktiv zu betätigen, sei es am Webstuhl, an der Druckmaschine, am Computer oder im Fernsehstudio als Nachrichtensprecher. Noch mehr Spannung verspricht das Science-Center 'Spectrum', in dem so wichtige Fragen wie "Warum ist der Himmel blau?" beantwortet werden. Über 250 Experimente zu Phänomenen der Akustik, Optik, Elektrizität, Wärmelehre und Radioaktivität vermitteln spielerisch die Grundlagen von Naturwissenschaft und Technik. So auch das Foucaultsche Pendel in der Eingangshalle. Es beweist den Besuchern, dass sich die Erde dreht.

Berlin | Kommunikation ist alles

Museum für Kommunikation
Leipziger Str. 16, Di.-Fr. 9-17 Uhr, Sa. + So. 11-19 Uhr

44 Museum für Kommunikation – das klingt nicht gerade aufregend. Doch wenn man weiß, dass sich dahinter das ehemalige Postmuseum verbirgt, kann man sich schon mehr darunter vorstellen. Begrüßt von drei witzigen Robotern, die im großen Lichthof ihre Runden drehen, erfährt man interaktiv in der Kommunikationsgalerie, was Kommunikation alles bedeuten kann: Lichtsignale, fremde Sprachen, Morsetöne – aus allen Ecken piepst, blinkt und rauscht es. Die Sammlungen und Themengalerien spannen den Bogen von der Geschichte der klassischen Post mit vielen nostalgischen Ausstellungsstücken bis zur Frage, wie sich die Wahrnehmung von Raum und Zeit durch die Medien verändert haben. Das kann man in der Computergalerie beim Chatten und Surfen dann selbst ausprobieren. Ganz zum Schluss geht es in den Keller in die Schatzkammer: Vor einer echten Blauen Mauritius zu stehen – da kann kein noch so schneller Computer mithalten.

Berlin | Sightseeing vom Wasser aus

45 Berlin kann man auf verschiedene Art und Weise kennen lernen. Es empfehlen sich neben geführten Stadtspaziergängen auch Streifzüge zu den unterschiedlichsten Themen wie Historie oder Literatur. Eine besonders reizvolle Art, die Bundeshauptstadt zu erkunden, sind Touren mit dem Schiff bzw. kombinierte Bus- und Schiffsausflüge auf Spree, Havel und den Seen. Denn vom Dampfer aus kann man Berlin von seiner anderen, noch unbekannten Seite erkunden. Ein spezieller Fahrplan erleichtert die Entscheidung. Vielleicht nehmen Sie im Sommer an der historischen Kombifahrt – mit Zille-Bus und Museumsdampfer – teil oder bewundern die abendlich beleuchtete City bei einer lauen Mondscheinfahrt.

Berlin | Café mit Rundumblick

46 Der Überlieferung nach soll Walter Ulbricht persönlich die Höhe des Ostberliner Fernsehturms festgelegt haben. Genau 365 Meter mussten es sein – damit es sich jedes Schulkind merken könne. Wie dem auch sei, die Idee zu einem Fernsehturm wurde aus der Notwendigkeit heraus geboren, für den Ostteil der Stadt eine eigene Antennenanlage zu errichten. So lädt der 'Alex' bis heute zur Fahrt in seine luftige Höhe ein. Die Turmkugel besteht aus sieben Geschossen, zwei davon sind für Besucher geöffnet. Fahren Sie empor zur Aussichtsetage in 203 Meter Höhe und steigen Sie dann noch weiter empor: Der äußere Ring des Telecafés dreht sich zweimal pro Stunde um die eigene Achse. Was für ein Rundumblick!

Berliner Fernsehturm
Panoramastraße,
März-Okt.
tgl. 9-1 Uhr,
Nov.-Febr.
tgl. 10-24 Uhr

Berlin | Kunstschätze auf der Museumsinsel

Museumsinsel Berlin
Bodestr. 1-3,
tgl. 10-18 Uhr,
Do. 10-22 Uhr,
(Alte Nationalgalerie Mo. geschl.)

47 Die weltberühmte Museumsinsel, seit 2000 Weltkulturerbe, ist ein in sich geschlossenes Ensemble von fünf architektonisch bedeutsamen Museumsgebäuden, die das Alte Museum, das Neue Museum, die Alte Nationalgalerie, das Bodemuseum und das Pergamonmuseum beherbergen. Die Alte Nationalgalerie zeigt nach der Renovierung nun wieder europäische und deutsche Malerei des 19. Jahrhunderts. Im Pargamonmuseum, benannt nach dem berühmten Pergamonaltar, den es dort zu bewundern gibt, glänzen noch andere antike Skulpturen, Tore und Säulen. Das Bodemuseum, 2006 wiedereröffnet, ragt mit seinem Kuppelbau hinaus in die Spree. Diese bedeutenden Museen verdienen Ihren Besuch – auch wenn in den nächsten Jahren weiterhin kräftig umorganisiert und renoviert wird.

Berlin | Dinos und andere Saurier

Museum für Naturkunde
Invalidenstr. 43,
Di.-Fr. 9.30-17 Uhr,
Sa. + So. 10-18 Uhr

48 Das Museum für Naturkunde bietet drei Schwerpunkte: Die Zoologischen Sammlungen geben einen Einblick in die einheimische und exotische Tierwelt, in den Mineralogischen Sammlungen sind besonders die Meteoriten sehenswert. Einen breiten Raum nehmen die Paläontologischen Sammlungen in den Sälen 1 bis 3 ein. Hier wird die Entwicklung des Tier- und Pflanzenreichs über einen Zeitraum von 500 Millionen Jahren vorgestellt. So sind im Lichthof des Museums mit über 30 Skeletten alle bedeutenden Sauriergruppen, wie Dinosaurier, Meeresreptilien, Pterosaurier und säugetierähnliche Reptilien, vertreten. Im Mittelpunkt steht aber – eindrucksvoll und unübersehbar – das größte in einem Museum aufgestellte Saurierskelett der Welt. Es ist der 12 Meter hohe und 23 Meter lange Brachiosaurus, der vor 140 Millionen Jahren durch das heutige Tansania stapfte.

Berlin | Wahrzeichen des neuen Berlin

49 Am 19. April 1999 wurde mit der ersten Sitzung des deutschen Parlaments im Berliner Reichstagsgebäude das politische Versprechen "Sitz des Deutschen Bundestages ist Berlin" eingelöst. Nach einem Entwurf des britischen Architekten Norman Foster entstand innerhalb der alten Außenmauern ein modernes Parlamentsgebäude, in dem auch zeitgenössische Kunst ihren Platz fand. Als große architektonische Leistung gilt die gläserne Kuppel – 23,5 Meter hoch und 50 Meter im Durchmesser –, durch die 360 Spiegel das Licht in den Plenarsaal lenken. Eindrucksvoll wirkt das Wahrzeichen des neuen Berlin auch bei Nacht, denn die Kuppel ist beleuchtet. Auf einer spiralförmigen Rampe gehen die Besucher an ihrer Innenseite hinauf zum Dachgartenrestaurant, das sich für eine Pause anbietet, und zur Aussichtsplattform, um von dort oben den weiten Blick über Berlin zu genießen.

Reichstagsgebäude
Platz der Republik, Kuppel: tgl. 8-22 Uhr

Berlin | Werkstatt für Kinder

50 Eine lichtdurchflutete Montagehalle mit multifunktional nutzbarer Spielfläche auf zwei Ebenen bietet jede Menge Platz für Fantasie, Bewegung und Spiel: Seit seiner Eröffnung präsentiert das Kindermuseum Labyrinth wechselnde Erlebnisausstellungen, in denen sich Kinder spielerisch mit den unterschiedlichsten Themen auseinandersetzen. So wecken Animationen und Workshops, die sich an den kindlichen Lerngewohnheiten orientieren, Neugier und Kreativität. Ziel des Museums ist es, die kindliche Erlebnisfähigkeit durch spielerisches Lernen zu bereichern. Beispielweise in der Bewegungswerkstatt 'Hände, Füße – fertig los!' Freudiges Lachen und ungläubiges Staunen ist angesagt, wenn mit Rollbrettern, Pedalos, Hüpfsäcken und Stelzen mutig die Geschicklichkeit erprobt oder vorsichtig der große Fußtastpfad erkundet wird – auf Zehenspitzen und Plattfüßen.

Kindermuseum Labyrinth
Osloer Str. 12, Mo.-Fr. 9-18 Uhr, Sa. 13-18 Uhr, So. 11-18 Uhr

Berlin | Lustschloss für Sophie Charlotte

51 Zwischen 1695 und 1699 entstand weit vor den Toren der Stadt für Sophie Charlotte, der Gemahlin des Kurfürsten Friedrich III., das Lustschloss Lietzenburg. Nach dem Tod der Kurfürstin 1705 wurde die Sommerresidenz zu ihren Ehren umbenannt. Denn zu ihrer Zeit erlebte das damals noch kleine Schloss glanzvolle Feste und Bälle, unter Friedrich dem Großen fanden oft Familienfeiern statt. Heute beherbergt Schloss Charlottenburg neben den historischen Räumen das Museum für Vor- und Frühgeschichte, in dem auch die berühmte Sammlung 'Trojanischer Altertümer Heinrich Schliemanns' zu sehen ist. Mit dem Schlosspark blieb mitten in der Metropole ein Ruhepol erhalten. Am Osteingang des Parks wurde nach Entwürfen Schinkels ein Pavillon im Stil einer neapolitanischen Villa erbaut. Der Belvedere, im nördlichen Teil des Parks, zeigt die beachtenswerte Sammlung 'Berliner Porzellan' des 18. und 19. Jahrhunderts. Und im Westteil des Schlossparks steht am Ende einer Tannenallee ein kleiner dorischer Tempel, die letzte Ruhestätte von Königin Luise.

Schloss und Park Charlottenburg
Luisenplatz 3,
Altes Schloss:
Di.-So. 9-18 Uhr
Neuer Flügel:
April-Okt.
Di.-So. 10-18 Uhr,
Nov.-März 10-17 Uhr
Museum für Vor- und Frühgeschichte:
Di.-Fr. 9-17 Uhr,
Sa. + So. 10-17 Uhr
Park: Di.-So. 10-17 Uhr

Berlin | Städtisches Bollwerk

52 Die Spandauer Zitadelle gibt als gut erhaltene Renaissance-Festung einen Einblick in frühitalienische Festungsbaukunst. Zur Zeit ihrer Fertigstellung – Kurfürst Joachim II. ließ ab 1560 die Zitadelle zum Schutz Berlins errichten – galt die Festung als uneinnehmbar. In ihrer langen Geschichte wurde sie allerdings zweimal kampflos besetzt: im Dreißigjährigen Krieg von schwedischen Truppen und 1806 von den Franzosen. Zwischendurch wurden hier immer mal wieder Staatsgefangene eingekerkert. Heute sind in der Zitadelle Besucher herzlich willkommen. Sie erreichen den hinter dem Palas aufragenden uralten Juliusturm, die Bastionen und Kasematten, in denen sich viel Museales verbirgt, über eine schmale Brücke.

Zitadelle Spandau
Am Juliusturm 87,
tgl. 10-17 Uhr
Führungen:
Sa. + So. 12 + 16 Uhr

Wustrau-Altfriesack | Geschichte eines Staates

53 Theodor Fontane widmete Wustrau im ersten Band seiner 'Wanderungen' sogar ein Kapitel. Bekannt wurde der Ort durch den legendären Husarengeneral von Zieten (1699 – 1786), auch 'Zieten aus dem Busch' genannt. Er, der einst Friedrich dem Großen diente, ließ für sich das dortige Barockschloss errichten. Das Brandenburg-Preußen Museum in Wustrau zeigt die ganze Komplexität des preußischen Staatsgebildes auf. So wird der Aufstieg der 'märkischen Streusandbüchse' zur europäischen Großmacht unter den Hohenzollern nachgezeichnet und Leistungen in Bildung, Wissenschaft und Technik gewürdigt. Beachten Sie die Porträts aller 20 hohenzollernschen Kurfürsten, Könige und Kaiser – von 1415 bis 1918.

Brandenburg-Preußen Museum
Eichenallee 7a,
April-Okt.
Di.-So. 10-18 Uhr,
Nov.-März
Di.-So. 10-16 Uhr

Fehrbellin | Auf dem Schlachtfeld

54 Eigentlich liegt es ja nicht bei der Ortschaft gleichen Namens, das Feld der 'Schlacht von Fehrbellin'. Bereits beim Dorf Hakenberg erinnert eine Gedenkvase auf einem Sockel an das Gefecht. Über eine mit Linden und Ahorn bepflanzte schnurgerade Allee gelangen Sie zur Siegessäule. Wenn Sie die enge Wendeltreppe emporsteigen, können Sie weit über das Land und das ehemalige Schlachtfeld schauen. Im Jahre 1675 bezwangen hier die brandenburgischen Reiter unter Kurfürst Friedrich Wilhelm, der sich fortan der Große Kurfürst nannte, die als unbesiegbar geltenden Schweden. Brandenburg hatte seinen ersten Sieg erzielt. Viel später fand Heinrich von Kleist im Kommandeur der Kavallerie den Helden für sein Drama 'Der Prinz von Homburg'.

Linum | Storchennester – wohin man schaut

Storchenschmiede
Nauener Str. 54,
April-Nov.
Di.-Fr. 10-16 Uhr,
Sa. + So. 10-18 Uhr

55 Inmitten der Teichlandschaft des Rhinluches liegt das 'Storchendorf' Linum. Wenn Sie im Frühsommer durch den Ort spazieren, entdecken Sie links und rechts der Hauptstraße zahlreiche Storchennester. Nach ihrer Rückkehr aus Afrika nisten hier jedes Jahr über 12 Horstpaare. Dann geht es hoch her bei Familie Adebar, müssen doch hungrige Storchenmäuler gestopft werden. Schauen Sie den Weißstorchpaaren eine Weile bei der Betreuung ihres Nachwuchses zu. Falls Sie neugierig geworden sind: Ausführliche Informationen erteilt die 'Storchenschmiede' des Naturschutzbundes Deutschland. Eine ständige Ausstellung informiert über die Lebensweise dieser Vögel, außerdem werden Exkursionen angeboten. Bevor die Störche Ende August wieder nach Süden aufbrechen, verabschieden die Linumer ihre gefiederten Sommergäste mit einem zünftigen Storchenfest.

Velten | Kunstvolle Kacheln

Ofen- und Keramikmuseum Velten
Wilhelmstr. 32,
Di.-Fr. 11-17 Uhr,
Sa. + So. 13-17 Uhr,
Führungen:
Mi. sowie erster Sa. im Monat 15 Uhr,
Lehm-Galerie:
Mi. 13-18 Uhr,
Sa. 13-17 Uhr

56 Wärme und Behaglichkeit für die Berliner Wohnzimmer – für ein knappes Jahrhundert kam sie vorwiegend aus Velten. Dort öffnete 1835 die erste Kachelofenfabrik, kurz darauf begann die Produktion von weißen Schmelzkacheln, die den Ort weit über die Mark Brandenburg hinaus bekannt machten. Allein 1905 lieferten die Ofenfabrikanten aus Velten 100 000 Kachelöfen nach Berlin. Es ist daher kein Zufall, dass im selben Jahr ein Ofenmuseum dort seine Pforten öffnete – mit schönen alten Öfen, Kacheln, Gefäß- und Zierkeramik. Wenn Sie an einer Führung teilnehmen, können Sie auch einen Blick in die gegenwärtige Kachelproduktion werfen. Außerdem erwartet Sie auf dem alten Industriegelände neben einem Keramikladen die Töpferei Lindner, die auch individuelle Wünsche erfüllt, und die Lehm-Galerie mit interessanten Exponaten im Innen- und Außenbereich.

Oranienburg | Ganz in Weiß

57 Oranienburg bietet sich mit seinem S-Bahnhof als Startpunkt für einige interessante Ausflüge geradezu an. Doch besichtigen Sie zuvor das älteste Barockschloss der Mark Brandenburg. Es wurde 1651 auf dem Terrain einer Wasserburg in der Havel angelegt – für Prinzessin Louise-Henriette von Oranien-Nassau, der Gemahlin des brandenburgischen Kurfürsten Friedrich Wilhelm, die der Stadt auch ihren Namen gab. Ganz in Weiß empfängt Sie das Schloss mit seiner breiten Eingangsfront, verziert mit Vorbau und Dachgebälk. Dahinter erstreckt sich der ehemalige Schlosspark. Schreiten Sie durch das Gartenportal aus dem Jahre 1690 und betrachten Sie die Darstellungen: Sie zeigen den Frühling und den Herbst.

Schloss Oranienburg
April-Okt.
Di.-So. 10-18 Uhr,
Nov.-März
Sa. + So. 10-17 Uhr

Klosterfelde | Auf Tuchfühlung mit Clown Karandasch

58 Die aufregende Geschichte der Artisten und fahrenden Leute hat seit 1997 eine gute Adresse: Das 'Internationale Artistenmuseum Deutschland' fand ein Domizil in Klosterfelde. Seit dieser Zeit werden im halbjährlichen Wechsel neben ständigen historischen Exponaten thematische Ausstellungen eröffnet. Der präparierte Eisbär 'Nordpol' aus Europas größter Eisbärengruppe von Ursula Böttcher beeindruckt auf seine Weise, ebenso das maßstabsgetreue Modell des 'Zirkus Sarrasani' aus den 1930er-Jahren. Es ist ein Museum zum Anfassen mit Souvenirs über den König der Cowboys und Kunstschützen Billy Jenkins, Kostüm und Requisiten des großartigen Clowns Karandasch sowie Kostüme und Erinnerungsstücke von berühmten und weniger berühmten Artisten, die Freude, Unterhaltung und Humor in unseren Alltag brachten und – auf dieser Art und Weise – weiterhin bringen.

Internationales Artistenmuseum
Liebenwalder Str. 2,
Mo.-Fr. 9-18 Uhr,
Sa. + So. 14-18 Uhr

Wandlitz | Badehose im Gepäck

59 Seit den 1920er-Jahren gehört der verwinkelte Ort Wandlitz am gleichnamigen See zu den beliebtesten Ausflugszielen der Berliner. Und Sie können diesen See auch heute noch wie anno dazumal mit der Vorortbahn unkompliziert erreichen. Von den Bahnhöfen Wandlitz und Wandlitzsee ist es nicht weit bis zum traditionsreichen Strandbad Wandlitzsee. Bahnhof und Seebad sind eindrucksvoll durch einen von Pergolen eingefassten Platz mit Springbrunnen verbunden. Wenn Ihnen der Strandbadtrubel mit dem nahen Surf- und Tauchzentrum aber partout nicht zusagt, dann wandern Sie entlang der Uferpromenade zum Stolzenhagener See. An seinen Ufern finden Sie bestimmt ein idyllisches Plätzchen.

Wandlitz | Hirtenhorn und Dreschflegel

Agrarmuseum Wandlitz
Breitscheidstr. 22, April-Okt. Di.-So. 10-17 Uhr, Nov.-März Di.-Fr. 10-17 Uhr

60 Das Agrarmuseum Wandlitz befindet sich in unmittelbarer Nähe des historischen Dorfkerns. Aus der ehemaligen 'Heimatstube' ist eine liebevoll zusammengestellte Sammlung hervorgegangen. So finden Sie hier uralte Einrichtungsgegenstände von Bauern und Fischern dieser Gegend. Die größte agrarhistorische Sammlung des Landes Brandenburg reicht vom massiven Kastenbett bis zu den Notenblättern des Wandlitzsee-Liedes, das die Schönheiten des Gewässers preist. In den Scheunen gegenüber werden landwirtschaftliche Werkzeuge gezeigt. In thematischer und zeitlicher Ordnung veranschaulichen vielfältige Exponate bäuerliche Arbeitsmethoden vom ausgehenden 18. Jahrhundert bis in die Gegenwart. So lernen Sie auf Ihrem Rundgang das Leben der märkischen Bauern im Wandel der Zeiten kennen. Einfach war dieses Leben sicher nicht, denn meist herrschte bittere Not.

Wandlitz | Schönster Waldsee weit und breit

61 Wenn Sie nicht zu Fuß gehen wollen, nehmen Sie Ihr Fahrrad mit – zur (Rad-)Wanderung rund um den Liepnitzsee. Ausgangspunkt ist der Bahnhof Wandlitz. An der Straße 'An den Pfühlen' können Sie wählen, ob Sie den See rechts oder links herum entdecken wollen. In beiden Fällen wandern Sie bis zur Fähre, mit der Sie zur Insel 'Großer Werder' – mit Sandstrand und Kiosk – übersetzen. In den Sommermonaten verkehrt die Fähre stündlich, die Abfahrtszeiten sind am Seeufer angegeben. Vielleicht verbringen Sie dort ein paar Stunden oder überreden den Fährmann, mit Ihnen rund um die Insel zu schippern. Wieder am Ufer des Liepnitzsees angekommen, setzen Sie auf dem ausgewiesenen Wanderweg Ihren Weg fort, denn der Uferpfad ist teilweise Vogelschutzgebiet. Genießen Sie von buchenbestandenen Hügeln die gute Sicht auf einen der schönsten Waldseen der Region.

Bernau | Zeitreise ins Mittelalter

62 Jeweils am zweiten Juni-Wochenende lädt die Stadt Bernau drei Tage zum Hussitenfest. Der Stadtpark gleicht dann einem mittelalterlichen Jahrmarkt, Hexen tanzen, und sogar der Henker tritt auf den Plan. Die Geschichte des Festes geht bis ins 15. Jahrhundert zurück. Näheres erfahren Sie im uralten Henkerhaus unweit der Mühlenstraße und im Heimatmuseum im Steintor. Dort werden die Schätze der Vergangenheit sorgfältig gehütet. Das Steintor am östlichen Ende der Berliner Straße ist eines von drei ehemaligen Stadttoren. Durch zwei Wehrgänge ist es mit dem Hungerturm verbunden. Wenn sie die vielen Treppen emporsteigen, bietet sich Ihnen von oben ein herrlicher Blick auf die Stadt.

Heimatmuseum Bernau
Steintor:
Berliner Straße,
Henkerhaus:
Am Henkerhaus,
Mai-Okt. Di.-Fr. 9-12, 14-17 Uhr, Sa. + So. 10-13, 14-17 Uhr

Strausberg | Baden im märkischen Wald

Marienkirche
Mai-Okt.
Di.16-18 Uhr,
Sa. 14-18 Uhr

63 Die einstige Fischersiedlung am Seeufer wurde von den Berlinern bereits Mitte des 19. Jahrhunderts als Sommerfrische entdeckt. Doch nicht nur der Straussee, sondern auch Bötz-, Ihland- und Fängersee, inmitten dichter Waldgebiete gelegen, laden mit ihren typischen Ausflugslokalen zum Baden, Rudern, Angeln und Surfen ein. Denn diese idyllischen Waldseen, die zu den saubersten Gewässern des Berliner Raums zählen, sind für Ausflüge zu Fuß oder mit dem Rad hervorragend geeignet.

Die Stadt Strausberg erhebt sich auf einem Hügel über dem Strausberger See. Ein Fährboot pendelt seit über 100 Jahren zwischen den Ufern. Am Fähranleger erkennen Sie Teile der alten Stadtmauer, schmale, windschiefe Häuschen flankieren die Straße bergauf zur Marienkirche. Sie war einst Mittelpunkt der Tuch- und Schuhmacherstadt und lädt heute wieder zur Besichtigung ein.

Rüdersdorf | Auf Spurensuche im Museumspark

Museumspark Baustoffindustrie Rüdersdorf
Heinitzstr. 11,
tgl. 10-18 Uhr

64 Was wäre Berlin ohne Baustoffe aus Rüdersdorf? Nicht einmal das Brandenburger Tor oder Schloss Sanssouci sähen aus wie sie heute sind. Als Zeuge dieser Geschichte ist in der historischen Landschaft des Museumsparks Rüdersdorf ein in seiner Art einzigartiges Ensemble von Produktionsbauten erhalten geblieben, das zu den bedeutendsten Industriedenkmälern Deutschlands zählt. Im Haus der Steine informiert eine Ausstellung über die Besonderheiten der Rüdersdorfer Geologie und über den Museumspark, auf dessen Areal auch das Rüdersdorfer Bergmannsfest gefeiert wird. Vor historischer Kulisse lässt es brandenburgische Bergbautradition und preußische Geschichte lebendig werden. Außerdem bieten Landrovertouren eine Reise durch Zeit und Raum der in 800 Jahren entstandenen Tagebaulandschaft.

Königs Wusterhausen | Königlicher Jagdaufenthalt

65 Wie kaum ein anderer Ort war Schloss Wusterhausen mit der Persönlichkeit Friedrich Wilhelms I. verbunden. Hier bereitete er sich auf seine künftige Regierungszeit vor, traf wichtige Entscheidungen und ließ die alte Burg zum Jagdschloss ausbauen. Es ist mit der Geschichte des Königs Leibgarde, den legendären 'Langen Kerls' und dem berühmten Tabakskollegium, das oft in schlichter Atmosphäre stattfand, verbunden. Da er nach seiner Thronbesteigung 1713 jeweils im Herbst zur Jagd nach Wusterhausen kam, wurde aus dem ehemaligen Windisch Wusterhausen nun Königs Wusterhausen. An diese feudalen Zeiten erinnert seit der Jahrtausendwende alle zwei Jahre ein Schlossfest, das die Geschichte in historischen Bildern und Szenen, in Konzerten und Tänzen fantasievoll präsentiert.

Schloss Königs Wusterhausen
Schlossplatz 1,
Führungen:
April-Okt.
Di.-So. 10-17.30 Uhr,
Nov.-März
Di.-So. 10-16.30 Uhr

Großbeeren | Erinnerungen an den Sieg der Preußen

66 In Großbeeren stammen alle Gebäude aus der Zeit nach 1813. Durch einen verheerenden Artillerieangriff der preußischen Truppen wurde in diesem Jahr das gesamte Dorf vernichtet. In Großbeeren verschanzte sich nämlich ein Teil von Napoleons Berlin-Armee. Nach der Niederlage der französischen Truppen wurde der kleine Ort dann wieder aufgebaut, Schinkel entwarf die Dorfkirche. Wenn Sie nach Großbeeren kommen, sehen Sie zuerst ein anderes Monument: Ein Turm, der an die große Schlacht erinnert, überragt den gesamten Ort. Zur 100-Jahr-Feier 1913 wurde der 32 Meter hohe Turm mit der kleinen Museumsstube eingeweiht. Von der Aussichtsplattform reicht Ihr Blick weit ins friedliche Land.

Museum im Gedenkturm
Mai-Sept
Sa. 14-18 Uhr,
1. + 3. So. im Monat
15-18 Uhr

Berlin und Umgebung

Die schönsten Radtouren für Sie entdeckt

Naturerlebnis und Geselligkeit, Anstrengung und Erholung – dieses Wechsel- und Spannungsverhältnis macht den Reiz einer Fahrradtour aus. Und da neben der sportlichen Betätigung vor allem die Freude am Radfahren nicht zu kurz kommen soll, radelt man auf ausgeschilderten Wegen oder idyllischen Nebenstraßen, streift kleine und große Seen oder begleitet Flüsse und Bäche. Dabei spielt es keine Rolle, ob es sich um einen kurzen Sonntagsausflug, eine anspruchsvolle Tagesfahrt oder um

9 Fahrradtouren

eine mehrtägige Tour mit allen Schwierigkeitsgraden handelt. Was zählt, ist das intensive Erlebnis und nicht so sehr die zurückgelegten Kilometer. Ob man nun allein, mit Freunden oder der Familie unterwegs ist – immer ist auch der Weg das Ziel: Wer mit offenen Augen durch Deutschland radelt, entdeckt reizvoll gelegene Badeseen und gemütliche Biergärten, die unter Schatten spendenden Bäumen zur Rast einladen, oder kleine Museen mit verborgenen Schätzen. Oft grüßen romantische Schlösser und Burgen auf halber Höhe, die mit weiten Ausblicken punkten. Geht es gar zu steil bergauf, darf der Drahtesel auch mal geschoben werden. Dafür weht der Fahrtwind bergab umso kräftiger um die Nase.

In diesem Freizeitführer und in der beigefügten Freizeitkarte werden die schönsten Fahrradtouren vorgestellt. Die abwechslungsreichen Strecken berühren sehenswerte Ausflugsziele und wecken die Freude an Natur, Kultur und Geselligkeit.

Tour 1 | Kremmen – Linum – Hakenberg – Kremmen

1
Länge: **42 km**
Dauer: **4,5 Stunden**
Einfache, erholsame Rundtour durch das sumpfige Vogelparadies Rhinluch.

Man verlässt das Landstädtchen Kremmen auf einem Teilstück der wunderschönen Deutschen Alleenstraße und gelangt ins Storchendorf Linum, in dem auf fast jedem Dach ein Storchennest sitzt. Man bleibt auf der Allee und kommt am Denkmal für die Schlacht bei Fehrbellin vorbei nach Hakenberg. Dann geht es hinein in den Rhinluch, über den Breiten Graben hinweg und durch den Weiler Ziethenhorst, bis man auf eine asphaltierte Straße trifft. Auf dieser Straße radelt man bis Linumhorst und nach dem Ort auf einer Allee zu der Straße, die wieder nach Kremmen führt.

Tour 2 | Birkenwerder – Wandlitz – Bernau

2
Länge: **30**
Dauer: **3 Stunden**
Die Fahrt durch das schöne Briesetal und den seenreichen Naturpark Barnim schaffen auch ungeübte Radwanderer.

Startpunkt der Tour ist Birkenwerder. Über die A 10 hinweg geht's auf einem rot markierten Weg hinein in das hübsche, eingeschnittene Briesetal mit seinen schilfigen Wiesen und Moorsenken. An einem alten Forsthaus vorbei erreicht man über Zühlsdorf den Rahmer See, überquert die B 273 und fährt nach Wandlitz hinein. Die Besichtigung des Agrarmuseums, der größten agrarhistorischen Sammlung Brandenburgs, ist eine Tourpause wert. Dann geht's durch die Bernauer Heide in das alte Städtchen Bernau.

Tour 3 | Bernau – Biesenthal – Tempelfelde – Bernau

3
Länge: **34 km**
Dauer: **3,5 Stunden**
Nicht allzu schwierige Rundfahrt durch die Feld- und Waldlandschaften nördlich von Bernau.

Nach einem kurzen Bummel durch das alte Bernau geht's stadtauswärts in Richtung Ladeburg. Durch Felder und Wälder hindurch erreicht man über Lobetal den Hellsee. Ein markierter Wanderweg führt leicht bergauf nach Biesenthal und eine wenig befahrene Landstraße weiter nach Grüntal und Tempelfelde. Am Windmühlenpark vorbei gelangt man nach Albertshof und kehrt durch ein Wäldchen hindurch nach Bernau zurück.

Tour 4 | Ahrensfelde – Altlandsberg – S-Bahnhof Strausberg

4

Länge: **27 km**
Dauer: **2,5 – 3 Stunden**
Trotz einiger leichter Steigungen eignet sich die Strecke für einen sonntäglichen Familienausflug.

Von Ahrensfelde radelt man zunächst ins nahe Mehrow, dann über die A 10 hinweg und erreicht auf Feldwegen und Landsträßchen Altlandsberg, das noch zu großen Teilen von einer Feldsteinmauer aus dem 14. Jahrhundert umgeben ist. Auf einer schönen Allee geht es in Richtung Buchholz und auf teils recht sandigen Wegen durch einen Wald nach Spitzmühle. Ein hübscher Uferweg am Bötzsee entlang führt an Eggersdorf vorbei zum Bahnhof Strausberg.

Tour 5 | S-Bahnhof Köpenick – Großer Müggelsee – Erkner

5

Länge: **19 km**
Dauer: **2 Stunden**
Die kurze, wenig anstrengende Fahrt führt am Großen Müggelsee vorbei, einem der größten und beliebtesten Badeseen Berlins.

Man verlässt den Köpenicker S-Bahnhof in Richtung Elcknerplatz und fährt auf dem Radweg der Salvadore-Allende-Straße über die Spree und schultert gleich hinter der Brücke sein Rad treppab zum Spreeufer. Auf dem schönen Weg direkt am Fluss entlang erreicht man nach knapp 3 km am Spreetunnel den Großen Müggelsee (s. Abb.). Jetzt geht's auf einem asphaltierten Weg am Seeufer entlang, vorbei an zahlreichen Badestellen und einladenden Ausflugsgaststätten, und man erreicht schließlich den Kleinen Müggelsee. Das Teersträßchen führt um den See herum, dann folgt man dem mit einem gelben Querstrich markierten Waldweg, radelt zum Dämeritzsee und kommt auf einem Sträßchen, das sich hinter den Seegrundstücken hinzieht, nach Erkner.

Tour 6 | U-Bahnhof Krumme Lanke – Potsdam – U-Bahnhof Krumme Lanke

6

Länge: 35 km
Dauer: 3,5 – 4 Stunden
Die schöne Radwanderung führt am Wannsee vorbei zu den Sehenswürdigkeiten Potsdams.

Vom U-Bahnhof Krumme Lanke fährt man, meist auf ausgewiesenen Radwegen, zum Großen Wannsee (s. Abb.), überquert die Wannseebrücke, die den Großen vom Kleinen Wannsee trennt, und folgt der Uferstraße Am Großen Wannsee. An der Pfaueninsel vorbei erreicht man den Jungfernsee, fährt am Ufer weiter, vorbei an Park und Schloss von Klein-Glienicke und kommt über die Glienicker Brücke hinein nach Potsdam. Auf der mit einem gelben Balken markierten Strecke geht's, an Schloss Cecilienhof vorbei, hinein in die Stadt, und man fährt durch die Russische Kolonie und am Holländischen Viertel entlang zur Humboldtbrücke und über die Havel. Auf dem Uferweg gelangt man zum Schlosspark Babelsberg, biegt nach Kohlhasenbrück ab und radelt parallel zur Bahnlinie durch den Düppeler Forst zum Tourstartpunkt zurück.

Tour 7 | U-Bahnhof Tegel – Hennigsdorf – U-Bahnhof Tegel

7

Länge: 26 km
Dauer: 2,5 – 3 Stunden
Die kleine Tour durch den Tegeler Forst und an der Havel entlang verläuft streckenweise auf holperigen Wegen.

Auf der Karolinenstraße radelt man vom U-Bahnhof Tegel, über das Tegeler Fließ hinweg und unter der Autobahn hindurch, zuerst durch den Tegeler Forst, dann durch den Berliner Forst in Richtung Hermsdorf. Bald zweigt der Waldweg in Richtung Frohnau ab, und man erreicht, wieder unter der Autobahn hindurch, auf einem ehemaligen Grenzweg, dem 'Wanderweg 5', die ersten Häuser von Stolpe-Süd. Über den Oder-Havel-Kanal geht's hinein nach Hennigsdorf, dann auf einem etwas holperigen Weg am Staatsforst Falkenhagen entlang zum Havel-Kanal und, meist nahe am Ufer der Havel, zur Fähre nach Tegelort. Auf der anderen Havelseite radelt man in den Tegeler Forst und kommt am Tegeler See entlang zurück zum Ausgangspunkt.

Tour 8 | Potsdam – Bliesendorf – Lehnin – Götz

8

Länge: 35 km
Dauer: 3,5 Stunden
Die abwechslungsreiche Tour durch die Seenlandschaft des Havellandes ist auch für Radwander-Amateure nicht zu anstrengend.

Die Tour beginnt in Potsdam, der geschichtsträchtigen Landeshauptstadt von Brandenburg. Man folgt dem mit einem grünen Balken markierten Wanderweg durch das Waldgebiet des Wildparks, kommt am ehemaligen Forsthaus Nordtor vorbei und erreicht den kleinen Ort Petzow, der zwischen dem Glindowsee und dem etwas größeren Schwielowsee liegt. Das um 1825 von Karl Friedrich Schinkel inmitten eines reizvollen Landschaftsparks erbaute Petzower Schlösschen, lädt zu einer Einkehrpause ein. Über die lang gezogene Elisabethhöhe geht es über Bliesendorf durch die Klosterheide nach Lehnin. Nach einem Rundgang durch die einst bedeutende Klosteranlage radelt man weiter nach Namitz, unter der Autobahn hindurch und am Netzener See vorbei nach Götz.

Tour 9 | Brandenburg – Päwesin – Lünow – Brandenburg

9

Länge: 48 km
Dauer: 5 Stunden
Die landschaftlich reizvolle Tour rund um den Beetzsee weist keine Steigungen auf und kann daher auch von weniger trainierten Radlern unternommen werden.

In Brandenburg, der ältesten Stadt der Mark, in der noch zahlreiche Zeugen ihrer langen Geschichte zu sehen sind, überquert man auf der Homeyer-Brücke die Havel und radelt zunächst auf der Promenade am Beetzsee entlang bis nach Brielow, das etwas abseits des Sees liegt. Durch Felder und Wiesen kommt man durch den Ort Radewege und auf einem Landsträßchen über Butzow nach Ketzür. Von dort führt ein ausgeschilderter, teils sandiger Radweg nach Gortz und eine kaum befahrene Landstraße über Bagow nach Päwesin. Dann folgt man einem Waldweg nach Lünow und fährt auf schönen Alleen und mit Blick auf den Beetzsee nach Grabow und kehrt über Radewege wieder nach Brandenburg zurück.

Impressum

Bildnachweis

Titelbild: Studio Lang, Ostfildern
Fotos Ausflugziele: Agentur Rammingen/'blub' Badeparadies Nr. 37; Babelsberg Studiotour GmbH Nr. 21; Bildagentur Huber/Gräfenhain Nr. 18 + 47; HB Verlag/T. Wengel Nr. 24; HB Verlag/J. A. Fischer Nr. 9, 10, 11 + Aufmacherfoto; HB Verlag/R. Janke, Th. Raupach, M. Schröder, H. Schwarzbach Nr. 22, 34, 38, 41, 48 + 52; HB Verlag/M. Specht Nr. 42 + 44; Kinder- und Jugendfreizeitzentrum Wuhlheide Nr. 39; Labyrinth Kindermuseum Berlin Nr. 50; Museumspark Baustoffindustrie Rüdersdorf Nr. 64; H. Schlemmer Nr. 35, 43, 45, 46, 49 + 51; alle übrigen Fotos W. Kern
Fotos Radtouren: HB Verlag/Fotoagentur Argus, Hamburg S. 43; W. Kern S. 44; Studio Lang S. 42, 45 + Aufmacherfoto

Impressum

Allianz Freizeitführer

Redaktion: MAIRDUMONT GmbH & Co. KG, Radegunde Schenk-Kern, Marco-Polo-Zentrum, D-73760 Ostfildern, Tel. 0711/4502-267, Fax 0711/4502-343, E-Mail: r.schenk-kern@mairdumont.com
Kartografie: MAIRDUMONT GmbH & Co. KG, Ostfildern
Gestaltung: red.sign, Stuttgart
Layout: Studio Lang, Ostfildern

Die Angaben in diesem Freizeitführer, insbesondere die Anschriften und Öffnungszeiten, wurden sorgfältig geprüft. Für die Richtigkeit der Angaben kann trotzdem keine dauerhafte Gewähr übernommen werden. Die in dieser Broschüre vorgestellten Radtouren basieren auf Vorgaben der Kompass-Radwanderführer, erschienen im Deutschen Wanderverlag.

Das alles kannst Du selber machen:

Riesengroße Perlenkette

4 kleine Papprollen
bunte Geschenkpapiere
breites Geschenkband
Klebstoff, Schere

Wenn du mal Verkleiden spielst, könntest du vielleicht so eine große, bunte Kette gut gebrauchen. Sie ist schnell gebastelt und sieht toll aus.

Jede Papprolle schneidest du zweimal durch, so daß immer 3 große Ringe („Perlen") entstehen. Diese umklebst du mit verschiedenen Geschenkpapieren. Wenn alle Perlen fertig sind, fädelst du sie auf das breite Geschenkband (Zeichnung).

Überraschungsbonbon

1 kleine Papprolle
farbiges Kreppapier
bunte Papiere
Klebstoff, Schere
kleines Geschenk

In diesem Bonbon kannst du ein kleines Geschenk verstecken. Oder du bastelst verschiedene Bonbons für die Verlosung bei deiner nächsten Geburtstagsparty.

Mit einem Stück Kreppapier (35 cm breit und 50 cm lang) umklebst du eine kleine Papprolle (Zeichnung 1, nächste Seite). Dann schneidest du an jedem Ende 9 cm lange Fransen ein. Diese

1

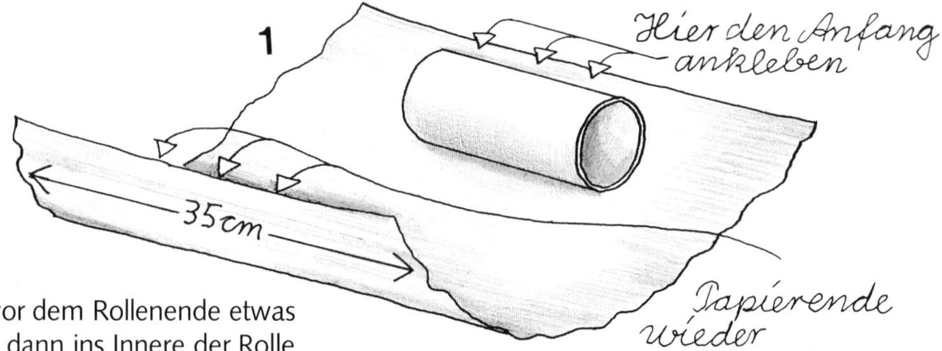

Fransen werden dicht vor dem Rollenende etwas zusammengedreht und dann ins Innere der Rolle gedrückt (Zeichnung 2 und 3). Nun umklebst du die Rolle noch mit bunten Papierstreifen.

Wichtig: Bevor du die Fransen zusammendrehst, wird das kleine Geschenk in die Rolle gelegt.

2

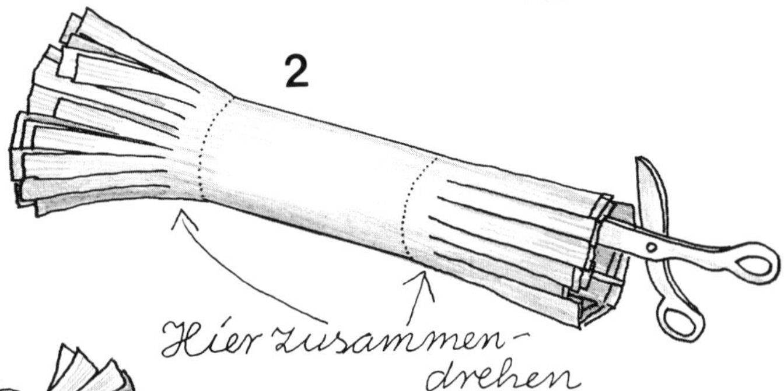

3

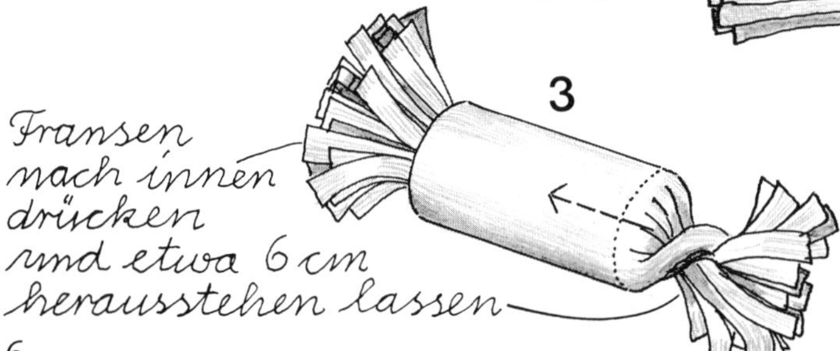

Bunte Serviettenringe

1 große Papprolle
bunte Papiere
Klebstoff, Schere

Über solche selbstgebastelten bunten Serviettenringe würde sich deine Mutter bestimmt sehr freuen. Vielleicht schenkst du ihr mal welche zum Geburtstag oder zum Muttertag?

Von einer großen Papprolle schneidest du 3 cm breite Rollenstücke ab (8 Ringe). Dann schneidest du dir einen Vorrat kleiner Buntpapierstreifen (7 cm lang und 1 cm breit). Diese klebst du nach und nach auf den Ring (Zeichnung). Dabei sollen sich die Streifen immer 2–3 mm überdecken. Farbige Papierservietten sehen zu den bunten Ringen besonders hübsch aus.

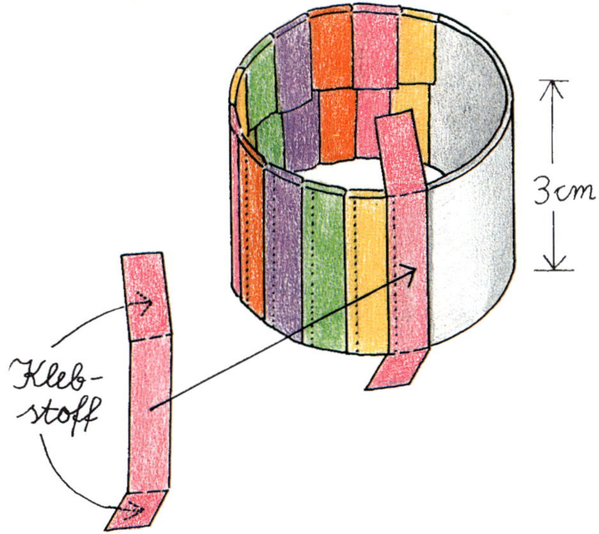

Pfennig-Marie

1 kleine Papprolle
1 Stück dünne Pappe
buntes und weißes Papier
Butterbrotpapier
zum Abpausen
Buntstifte, Schere
Klebstoff

Vielleicht hast du Lust, mal nur Pfennige zu sammeln. Dafür bastelst du dir eine lustige Pfennig-Marie. Du kannst sie mit ein paar Pfennigen im Bauch auch jemandem zum Geburtstag schenken.

Auf das Stück Pappe stellst du zweimal die Papprolle, umfährst sie mit einem Bleistift und schneidest die beiden Scheiben aus.

In eine der Scheiben wird in der Mitte ein 17 mm langer Schlitz geschnitten, gerade so breit, daß ein Pfennig hindurchpaßt. (Laß dir beim Schneiden helfen!)
Mit den Scheiben klebst du die Rolle an beiden Seiten zu (Zeichnung 1).

1

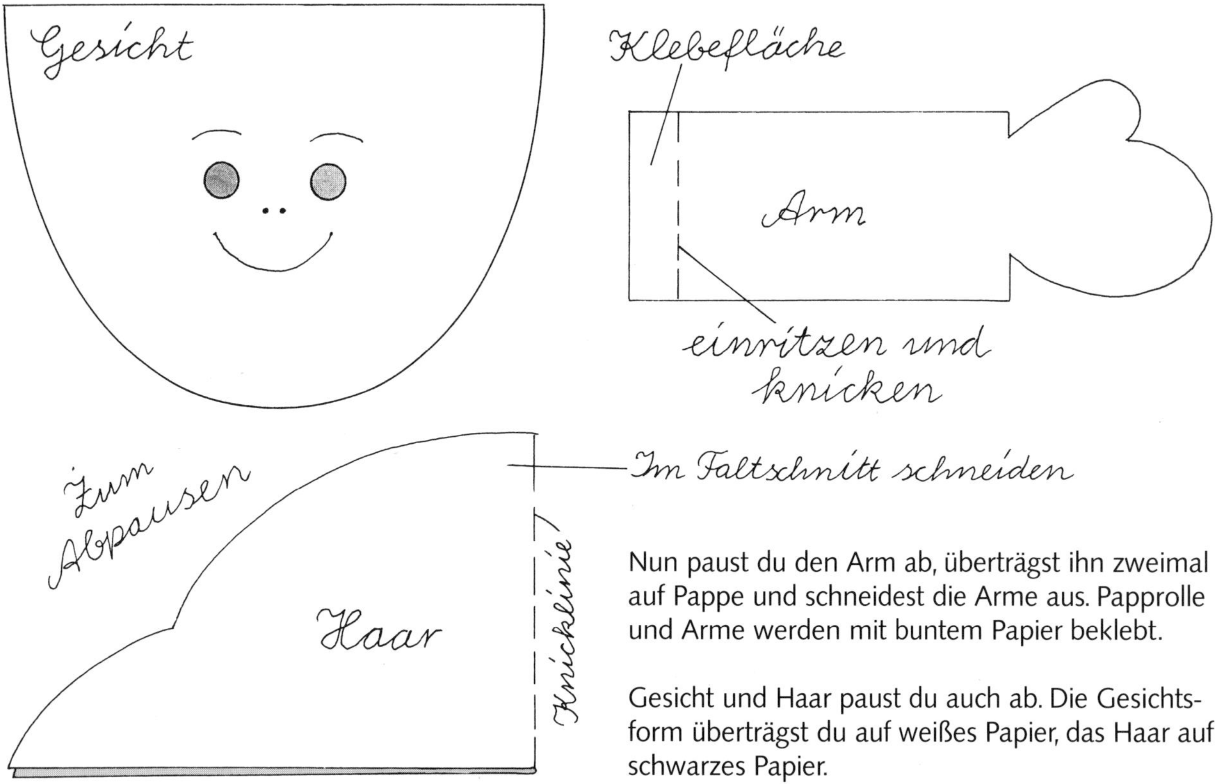

Nun paust du den Arm ab, überträgst ihn zweimal auf Pappe und schneidest die Arme aus. Papprolle und Arme werden mit buntem Papier beklebt.

Gesicht und Haar paust du auch ab. Die Gesichtsform überträgst du auf weißes Papier, das Haar auf schwarzes Papier.

Für das Haar schneidest du aus schwarzem Papier noch eine Scheibe aus, so groß wie die Pappscheibe mit dem Schlitz. Diese wird halbiert. Beide Teile klebst du direkt neben den Schlitz. Das überstehende Papier schneidest du ab (Zeichnung 2).

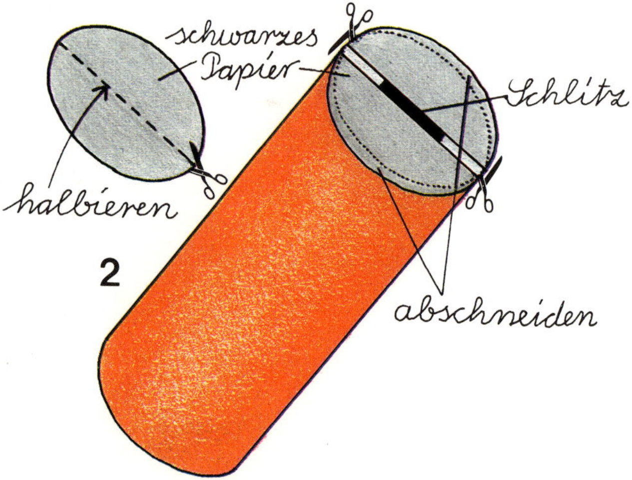

2

Wie nun Arme, Gesicht und Haar an den Körper geklebt werden, zeigt die Zeichnung 3.

3

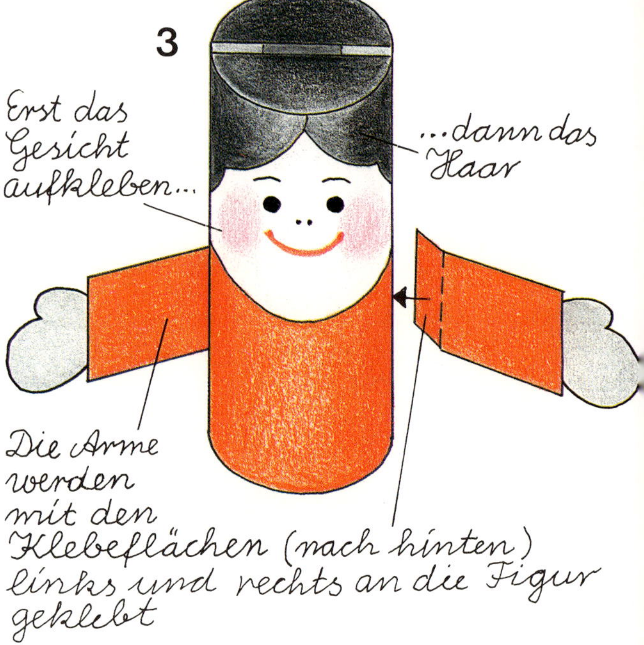

So ähnlich wie die Pfennig-Marie kannst du auch einen **Pfennig-Max** basteln. Auf dem Foto nebenan siehst du ihn stehen.

Das Bastelbär-Schloß

16–20 kleine Papprollen
4 große Papprollen
1 weißer Schuhkarton
dünnes, weißes Papier
Wellpappe, dünnes
Tonpapier, bunte Papiere
festes Zeichenpapier
Butterbrotpapier
zum Abpausen
1 Schaschlikspieß
4 Zahnstocher
Klebstoff, Zirkel, Schere

Der Bastelbär hat ein großes Schloß für kleine Bären und Püppchen gebaut. Du kannst es auch zusammen mit deinen Geschwistern oder Freunden basteln.

Alle Türme und Säulen umklebst du mit weißem Papier. Die drei kleinen Dachtürme, die vier großen Türme und der Aussichtsturm werden am oberen Rand mit Wellpappe-Streifen umklebt (Zeichnung 1).

1

Das große Dach ist ein 26 cm breites Stück Wellpappe, das in der Mitte leicht eingeritzt (glatte Seite) und geknickt wird. Die Länge des Daches richtet sich nach der Größe des Kartondeckels (Zeichnung 2).

2

Wie der Aussichtsturm gebastelt wird, zeigt die Zeichnung 3.

3

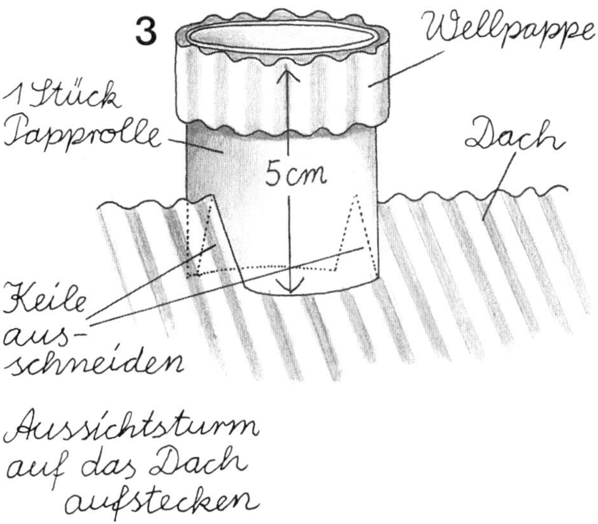

Nun bekommen die großen und kleinen Türme bunte Dächer aus Tonpapier. Die fertigen Dächer klebst du auf die einzelnen Türme und das Tor. (Zeichnung 4–7)

4

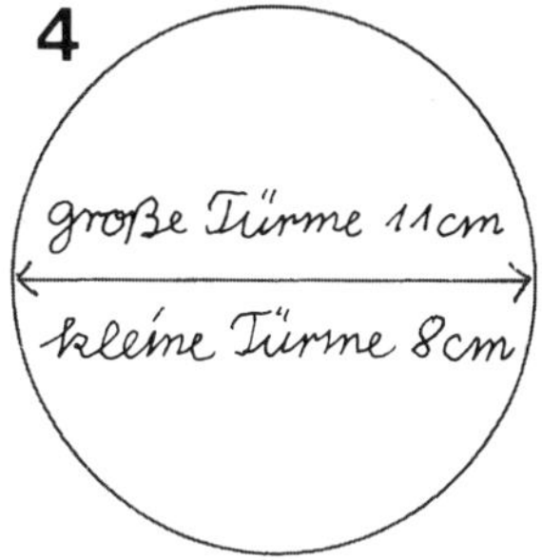

5

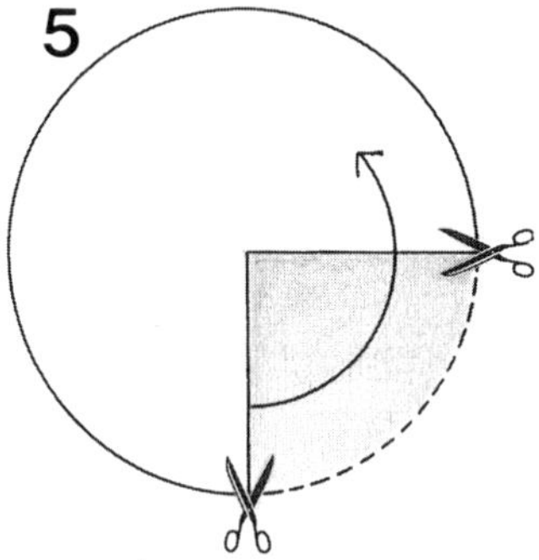

6

7

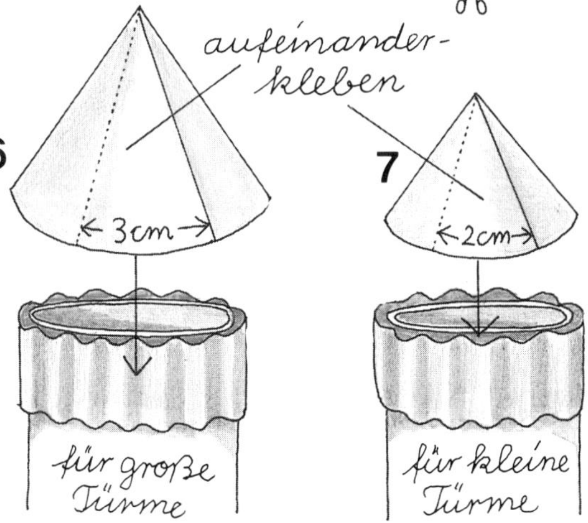

Das Tor bastelst du aus 2 kleinen Papprollen und einem Stück festem Zeichenpapier (14,5 x 10 cm) nach den Zeichnungen 8–10. Dazu passend schneidest du in den Schuhkarton ein Loch.

8

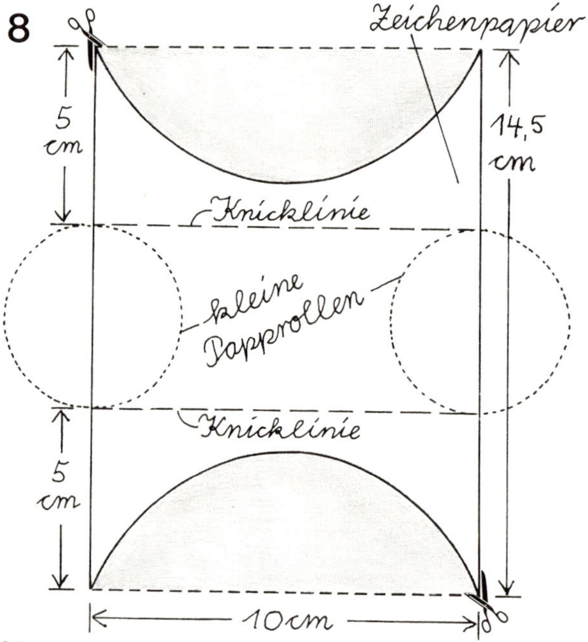

9

10

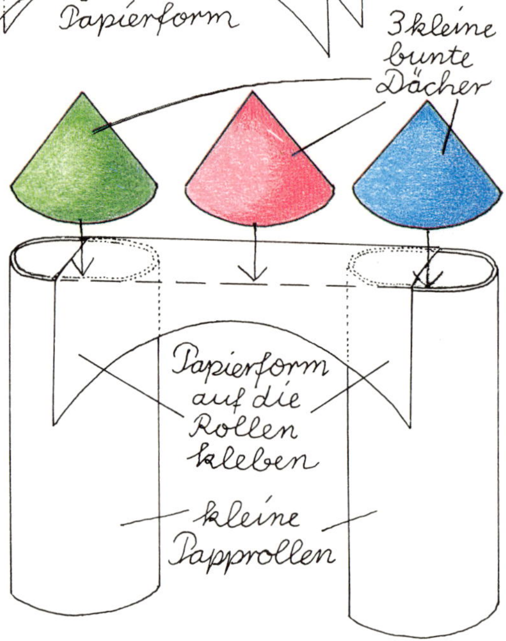

Die große Fahne auf dem großen Dach wird an einen Schaschlikspieß geklebt. Die kleinen Fahnen klebst du an Zahnstocher.

Fenster und Türen kannst du abpausen, auf hellblaues Papier übertragen und ausschneiden. Du klebst sie dann auf die Türme.

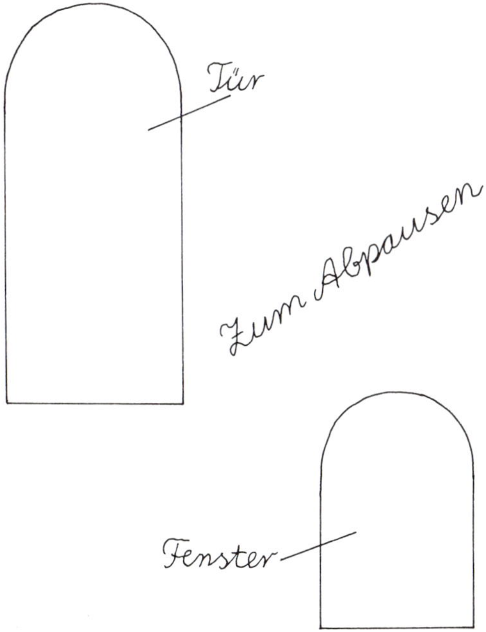

Wenn du Lust hast, schneidest du aus grünem Tonpapier noch ein paar Baumkronen aus und steckst sie in kleine Papprollen (Zeichnung 11–12).

11

12

Du kannst nun das Bastelbär-Schloß aus den vielen gebastelten Teilen so zusammenbauen, wie es dir Spaß macht.
Eine von vielen Möglichkeiten siehst du auf dem Foto nebenan.

Katze Miau

1 kleine Papprolle
festes Tonpapier
Butterbrotpapier
zum Abpausen
schwarzer Filzstift
Klebstoff, Schere

Mit ein bißchen Fantasie kannst du die Katze auch in einen Löwen oder in einen Hund verwandeln.

Eine kleine Papprolle umklebst du mit einem Stück Tonpapier, danach paust du Vorder- und Hinterteil der Katze von Seite 19 ab. Du überträgst beides auf Tonpapier und schneidest die Teile aus. Auch das Gesicht paust du ab. Die rosa Gesichtsform und die grünen Augen werden auf Tonpapier gezeichnet und ausgeschnitten. Die Augen klebst du auf die Gesichtsform. Dann malst du noch schwarze Pupillen, Nase, Schnäuzchen und die Barthaare auf. Das fertige Gesicht wird auf den Katzenkopf geklebt (Zeichnung 1).

1

Bevor du alles zusammenklebst, schneidest du für den Schwanz einen 14 cm langen und 2 cm breiten Tonpapierstreifen aus.

Zum Abpausen

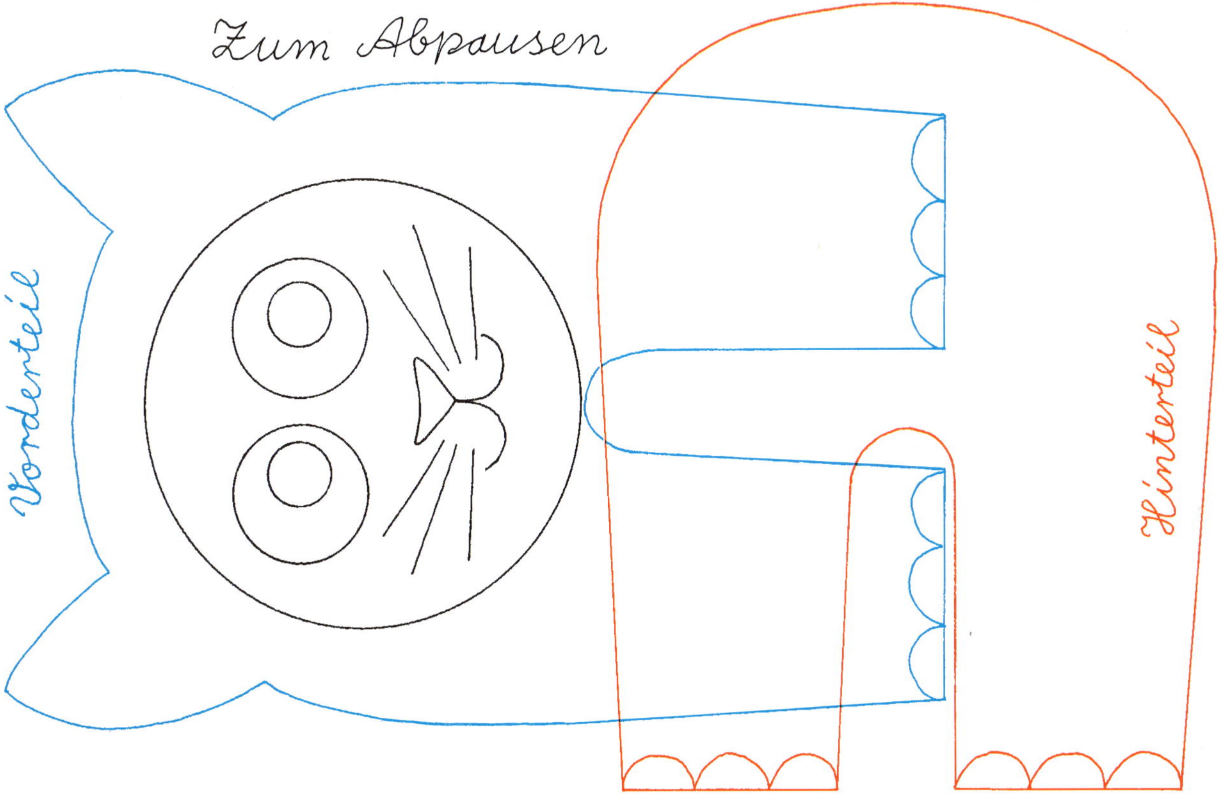

Wie die einzelnen Teile zusammengeklebt werden, siehst du auf der Zeichnung 2.

2

Dieser Vogel kann meckern

1 kleine Papprolle
1 Gummiring
dünnes Tonpapier
bunte Papiere
Butterbrotpapier zum Abpausen
2 Papierkugeln (∅ 1,5 cm)
Klebstoff, Schere

Wenn du den Gummi oben am fertigen Vogel zupfst, fängt er gleich an zu meckern!

Zuerst umklebst du die Rolle mit blauem Papier. Dann wird links und rechts in die Rolle ein 1 cm langer Schlitz geschnitten. Dahinein klemmst du den Gummi (Zeichnung 1 auf Seite 22).

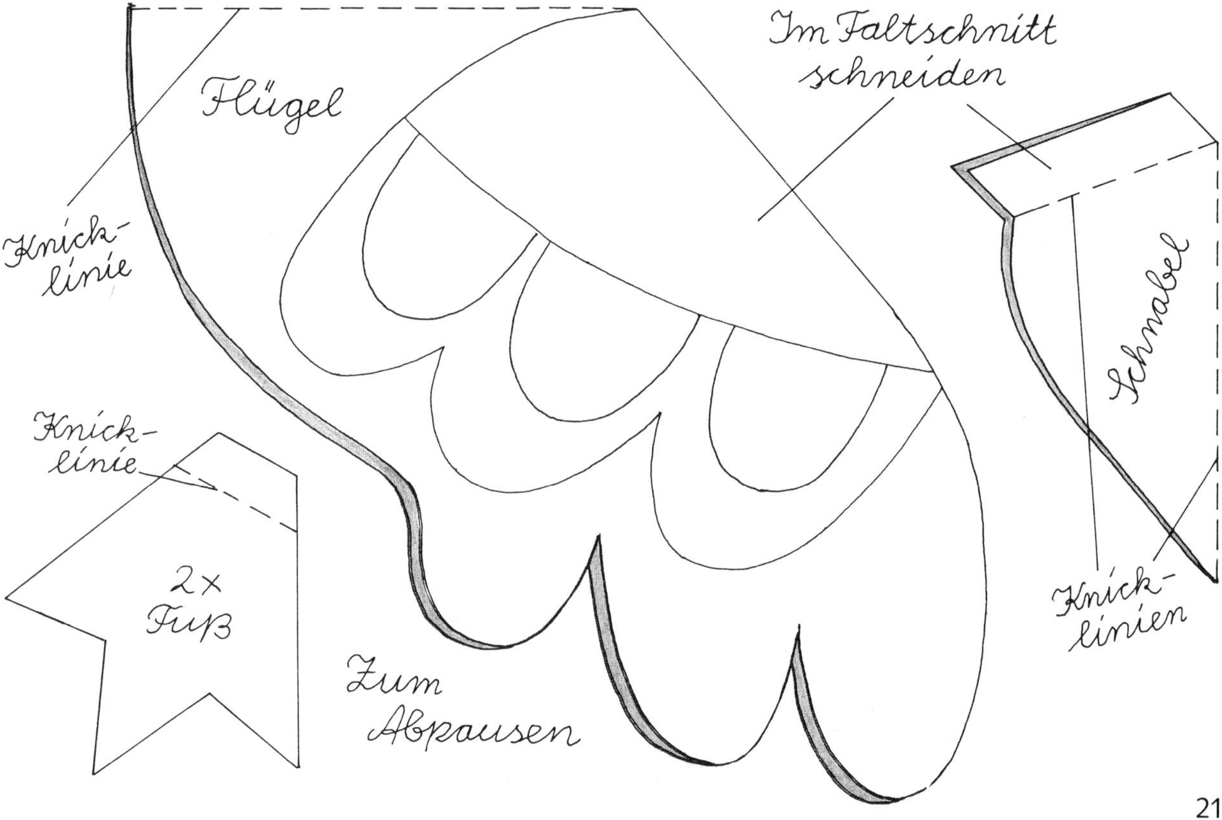
Im Faltschnitt schneiden
Flügel
Knick-linie
Knick-linie
2× Fuß
Zum Abpausen
Schnabel
Knick-linien

1

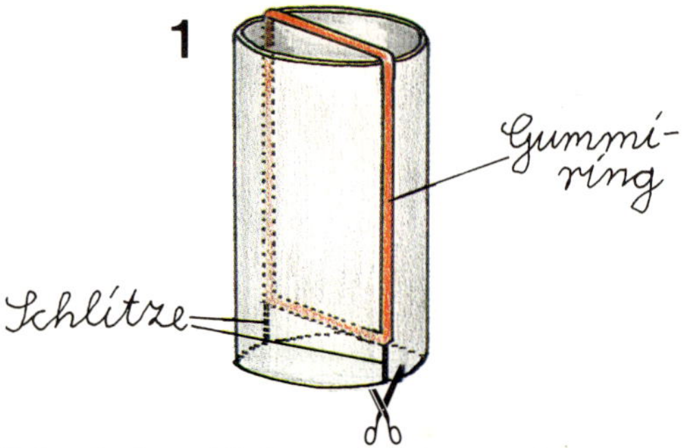

Schnabel und Füße paust du von Seite 21 ab, überträgst die Formen auf gelbes Tonpapier und schneidest sie aus. Der Schnabel wird gefaltet (Zeichnung 2) und an den Körper geklebt.

2

Die Füße klebst du mit den kleinen Laschen in die Rolle (Zeichnung 3).

3

Auch ein Flügel wird abgepaust, für einen Faltschnitt auf violettes Tonpapier übertragen und ausgeschnitten. Auf die aufgeklappten Flügel klebst du noch die abgepausten und ausgeschnittenen Federn aus Buntpapier.

Die ausgebreiteten Flügel klebst du auf die Rückseite des Vogelkörpers. Schließlich werden 2 Papierkugeln als Augen links und rechts vom Schnabel aufgeklebt und mit schwarzen Pupillen bemalt.

Schwirri mit den langen Beinen

1 kleine Papprolle
4 Blumenstützdrähte
(etwa 50 cm lang)
3 kleine Papierkugeln
1 Styroporkugel (⌀ 5 cm)
2 abgebrannte Streichhölzer
2 Holzperlen
festes Zeichenpapier
Butterbrotpapier
zum Abpausen
Plakafarbe, Pinsel
Klebefilm, Klebstoff
Schere, dicke Nadel

Fehlt dir vielleicht gerade noch ein Insekt für deine Tiersammlung? Hier ist es.

Zuerst malst du die Papprolle und 2 Papierkugeln für die Augen an. Dann stichst du mit der Nadel an beiden Seiten der Rolle je 3 Löcher ein. Hier steckst du 3 Drähte so hindurch, wie es Zeichnung 1 zeigt. In der Rolle drückst du die Drähte nach oben und klebst sie dort mit Klebefilm an der Rolle fest. Biege die Beine etwas zurecht.

1

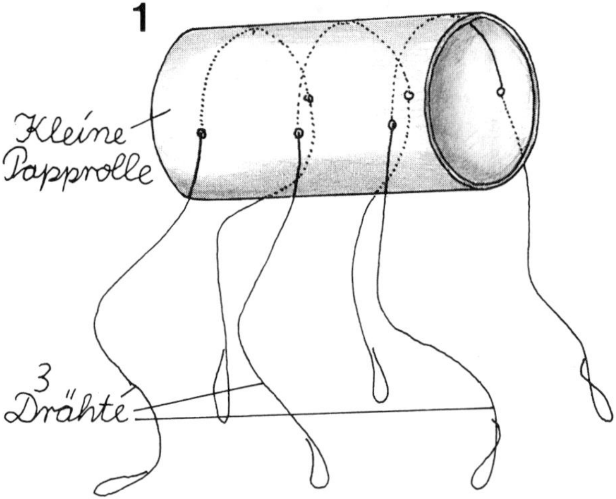

Wie Kopf und Schwanz am Körper befestigt werden, zeigt Zeichnung 2. Der Kopf bekommt noch 2 Fühler und die beiden Augen.

2

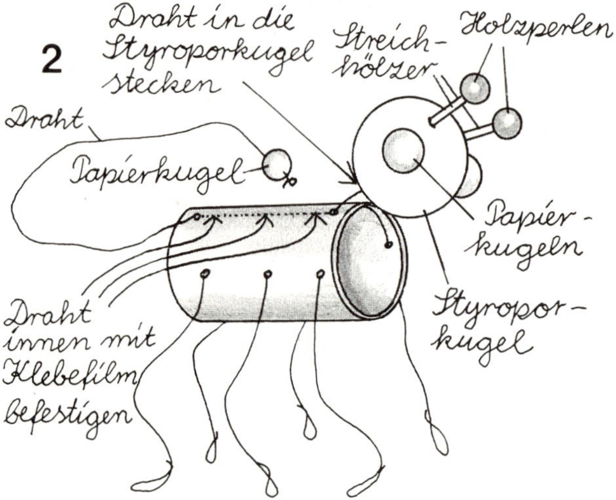

Den Flügel paust du von Seite 24 ab, überträgst ihn auf Zeichenpapier und schneidest ihn im Falt-schnitt aus.
Du klebst die aufgeklappten Flügel auf den Rücken des Insekts.

Blühender Eierkranz

Große, leere Konservendose
5 kleine Papprollen
bunte Papiere
hellblaues Tonpapier
Butterbrotpapier zum Abpausen
Klebstoff, Schere

Sicher wird sich die ganze Familie freuen, wenn du für den festlichen Ostertisch diesen hübschen, blühenden Eierkranz bastelst.

Du schneidest die 5 Papprollen in der Mitte durch. Dann werden die Rollenstücke mit grünem Papier umklebt.
Die Blumenvorlage paust du ab, überträgst sie auf verschiedene bunte Papiere und schneidest die

Blumen aus. Sie werden auf die einzelnen „Eierbecher" geklebt (Zeichnung 1).

1

Laß dir eine leere Konservendose geben und umklebe sie mit hellblauem Tonpapier.
Die Dose ist der Übertopf für eine blühende oder grüne Topfpflanze – oder eine Vase für einen bunten Blumenstrauß.
Die einzelnen Eierbecher mit hartgekochten Eiern stellst du dann einfach um den Blumentopf herum (Zeichnung 2).

2

Ein Bäumchen für den Advent

26 kleine Papprollen
1 mittelgroße Schachtel
feste Pappe
rotes Kreppapier
grüne Plakafarbe, Pinsel
24 große, gelbe Klebepunkte
Filzstift, Klebstoff
Schere, Zirkel

Dieses grüne Bäumchen ist ein Adventskalender. Jeden Tag – vom 1. bis zum 24. Dezember – darf sich jemand ein kleines Geschenk aus dem Bäumchen nehmen. Und in der Schachtel sind für **alle** Kinder kleine Weihnachtsgeschenke drin.

Du klebst einen Turm aus 1 Schachtel, 4 Papprollen und 3 Pappscheiben mit 10, 14 und 16 cm Durchmesser (Zeichnung 1). Die Kreise für die Scheiben zeichnest du mit dem Zirkel auf die Pappe. Dann malst du den Turm und die restlichen 22 Papprollen mit grüner Farbe an. Alles gut trocknen lassen!

1

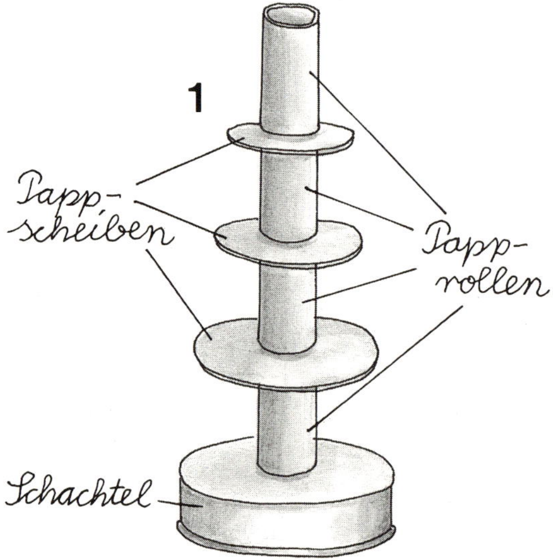

In jede der 22 Rollen schneidest du an einem Ende zwei 2 cm lange Schlitze ein (Zeichnung 2). Die Zeichnung 3 zeigt dir, wie die Rollen an die Pappscheiben gesteckt werden.

An die obere Scheibe steckst du 4 Rollen, an die mittlere 8 Rollen und an die untere Scheibe 10 Rollen. Auf die Klebepunkte schreibst du die Zahlen 1–24 und klebst sie auf die Rollen und die Schachtel (Zeichnung 4).

2

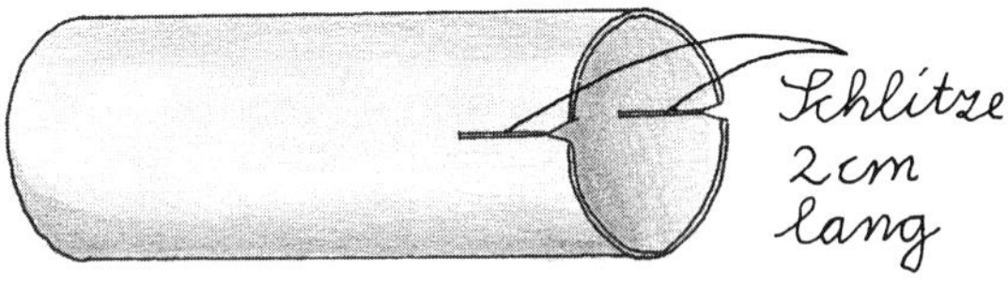

3

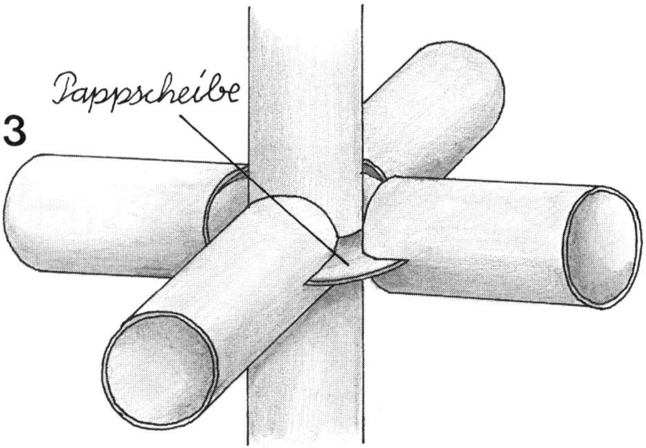

4

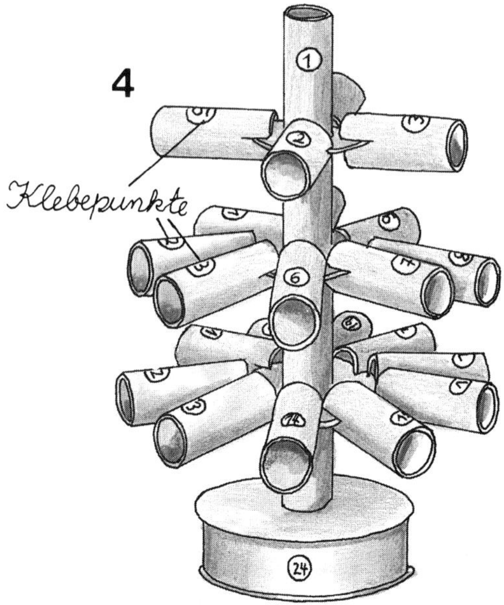

Zum Schluß müssen noch die kleinen Überraschungspäckchen gebastelt werden. Bitte deine Eltern darum, denn du darfst ja nicht wissen, was für Geschenke sie in das Bäumchen stecken wollen.

Zum Beispiel: Nüsse, Bonbons, Kaugummis, Gutscheine, Mini-Autos und andere kleine Sachen…

Sie werden in 15 cm breite und 30 cm lange Kreppapierstreifen eingewickelt. An einem Ende schneidet man 5 cm lange Fransen, beide Enden werden zugedreht.

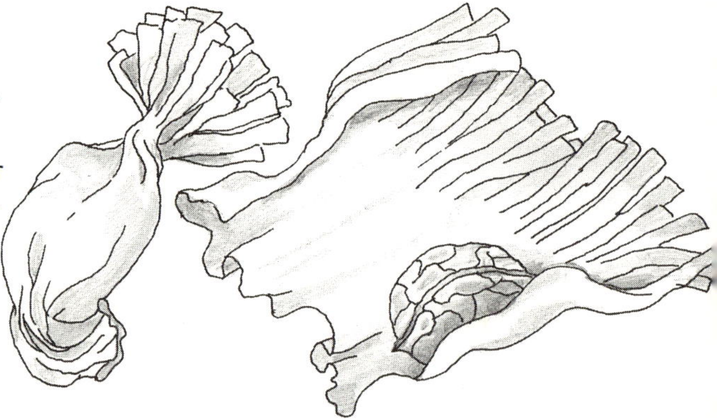

1
24

Und noch mehr vom Bastelbär

findest du im Sammelband

Mein großes Bastelbuch

Bunte Hefte zum Basteln und Spielen

Durch Wald und Flur S[illegible]

Bunte Papierblumen … fürs [illegible]

Leuchtende Laternen zum Selberbasteln

Glitzerkram aus bunten Glanzpapier

Kleine Welt im Schuhkarton

Weihnachtsgeschenke backen und verpacken

Kunterbunte Spielmobile

Mit Streichholzschachteln

Hier wächst was Tips für kleine Gärtner

Gedruckt auf umweltfreundlichem Papier ohne Chlorbleiche

ISBN 3-473-37563-2

9 783473 375639

Ravensburger Bastelbär

Printed in Germany

3 2 1 92 91

Jutta Kirsch-Korn, Tettnang
(Modelle, Text, Gesamtgestaltung)
Ulrike Schneiders (Fotos)
Sabine Cuno (Herausgeberin)

Otto Maier Ravensburg